S. A. S. Madame la Duchesse
de Bourbon.

OBSERVATIONS

DE M. BERGASSE,

SUR UN ÉCRIT DU DOCTEUR MESMER,

Ayant pour titre : *Lettre de l'Inventeur du Magnétisme - Animal à l'Auteur des Réflexions Préliminaires.*

Beneficia eò usquè læta sunt, dùm exsolvi possunt; ubi multùm antevenere, odium pariunt. **Tacit.**

A LONDRES,

1785.

OBSERVATIONS

*De M. Bergasse, sur un Ecrit du Docteur
Mesmer, ayant pour titre :* Lettre de l'Inventeur du Magnétisme-Animal, à l'Auteur
des *Réflexions préliminaires.*

Le Docteur Mesmer vient de quitter la France
pour se rendre en Angleterre. Avant que de
quitter la France, il s'est occupé de rédiger
avec quelques-uns de ses Elèves, un Libelle
diffamatoire, contre les personnes qui jusques
à présent ont le plus efficacement travaillé
à l'accroissement de sa fortune & de sa renommée.

Je suis compté parmi ces personnes, & je me
trouve singulièrement maltraité dans ce Libelle
qu'on a jugé à propos de répandre avec une
grande profusion à Paris, dans les Provinces &
par tout où, graces à mes soins, le nom du
Docteur Mesmer a été porté.

Il m'importe d'empêcher l'effet qu'une telle
diffamation doit produire. Je vis dans une solitude presqu'entière. Ma santé faible & chan-
celante ne m'a pas permis d'étendre mes relations. Ainsi peu de gens connoissent mon caractère & mes principes. Ainsi beaucoup de
gens pourroient recueillir comme vraies, ou du
moins comme vraisemblables, les imputations
que me fait le Docteur Mesmer.

Il faut donc que je parle. Pour le faire avec

A

fuccès , j'aibefoin de rendre compte de mes relations avec lui, depuis l'inftant où j'ai confié à fes
foins le rétabliffement de ma fanté, jufqu'à l'inftant où il devient convenable à fes projets de
déchirer ma réputation qui , je ne fais pourquoi ,
l'importune.

J'écarterai de mon récit beaucoup de faits que
je ne puis rendre publics, fans ajouter d'une part
à l'opinion, affez honorable pour moi , qu'ont
de ma manière ordinaire d'agir les perfonnes qui
me connoiffent, mais, d'autre part, fans nuire
au Docteur Mefmer , plus qu'il n'eft néceffaire
à mon apologie.

Mon récit achevé , j'examinerai la valeur des
imputations que me fait le Docteur Mefmer.
Il eft des momens dans le cours de notre vie,
où emportés par des paffions violentes , nous
nous féparons , pour ainfi dire de notre caractère , & où dans le délire cruel auquel nous
obéiffons , nous devenons capables des plus
triftes & quelquefois des plus noirs égaremens.
Je voudrois bien ne pas rendre odieux le Docteur Mefmer. Je fouhaite qu'on penfe , après m'a-
voir lu , qu'il étoit dans un des momens pénibles
dont je parle ici, lorfqu'il a fait procéder à la
rédaction de fon Libelle , & qu'on ne regarde
pas comme l'ouvrage médité de fon efprit, une
production fi honteufe.

Je fuis entré chez le Docteur Mefmer dans
le courant du mois d'Avril 1781. Malade depuis
mon enfance, il y avoit cinq ans qu'ayant renoncé à toute efpéce d'occupation, je voya-
geois pour recouvrer ma fanté perdue , lorf-

qu'on me fit lire un Mémoire du Docteur Mesmer sur le Magnétisme animal. Je ne trouvai rien d'impossible dans les assertions que ce Mémoire renferme; &, sur le récit des cures, qu'on me dit avoir été opérées par son Auteur, je me déterminai à me mettre entre ses mains.

Le Docteur Mesmer, en m'admettant chez lui, m'annonça qu'en très-peu de temps il espéroit que ma santé seroit rétablie, & me prévint que l'usage étoit de lui payer ses soins à raison de dix louis par mois: j'ai payé ces dix louis pendant six mois (1).

Quelques jours avant que je fusse compté au nombre des malades du Docteur Mesmer, il avoit renoncé aux offres brillantes que lui avoit faites, au nom du Gouvernement, M. le Comte de Maurepas, pour l'engager à former des Elèves dans ce qu'il appelloit sa *Doctrine*. Le Docteur Mesmer n'avoit pas trouvé ces offres dignes du présent qu'il vouloit faire à l'Humanité, & il avoit déclaré qu'au bout de quelques mois, il quitteroit la France pour porter sa découverte chez une Nation plus généreuse.

Cependant les Médecins & les Journalistes qui, je ne sais pourquoi, leur étoient dévoués, répandoient à pleines mains le ridicule sur le Docteur Mesmer. Chaque jour voyoit éclore

---

(1) Je ferai quelquefois dans ce Mémoire des remarques de ce genre, parce que le Docteur Mesmer dans son Libelle, pour se dispenser des procédés honnêtes auxquels je devois m'attendre de sa part, donne à entendre, en plus d'un endroit, que je suis avec lui dans le cas de la reconnoissance.

un pamphlet , ou une annecdote peu honorable pour lui; & , il faut l'avouer, fa conduite
ne devoit pas toujours le mettre à l'abri des
plaifanteries , bonnes ou mauvaifes, & des
imputations plus ou moins férieufes de fes ennemis.

Le Docteur Mefmer me pria de prendre la
plume pour le défendre ; j'héfitai quelque-temps.
Enfin, fur fes follicitations réitérées, j'écrivis,
& , vers la fir de Juillet 1781 , je publiai fur fes
querelles avec les Médecins fes confrères, un
petit Ouvrage intitulé : *Lettre d'un Médecin de la
Faculté de Paris , à un Médecin de la Faculté de
Londres , &c.* Cette Brochure eut du fuccès &
même beaucoup de fuccès. Les Feuilles périodiques en parlèrent avec éloge ; & , fans trop
s'inquiéter du fond des queftions que j'y trai-
tois , & du Docteur Mefmer qui en étoient
l'objet , elles s'exprimèrent dans les termes les
plus favorables , fur la manière dont elle étoit
écrite.

Le Docteur Mefmer trouva mauvais que les
Feuilles périodiques euffent ainfi parlé de mon
œuvre ; il prétendit que, lorfqu'il s'agiffoit du
Magnétifme-Animal, on ne devoit jamais parler
que de lui , & dans les accès de fon étrange
jaloufie, il m'adreffa quelques propos durs qui
me dégoutèrent pour long-temps de la fantaifie
de me mêler de fes affaires.

Dans le mois d'Août de la même année 1781 ,
le Docteur Mefmer eut envie de faire un
Voyage aux Eaux de Spa; il devoit y refter
trois jours & en employer environ huit à par-
courir une partie de la Flandre : il me propofa

de l'accompagner, m'assurant que ce voyage
hâteroit considérablement les progrès, jusqu'a-
lors un peu lents, que j'avois faits vers la santé.
Je le crus, & nous partimes avec une troisiéme personne, M. Kornmann, l'un de ses malades, dont il sera peut-être quelquefois question dans ce Mémoire : nous fumes environ
quinze jours à faire la route que nous avions
projettée, & je revins à Paris avec mes com-
pagnons de voyage, dans un état absolument
semblable à celui où je me trouvois quand j'en
étois parti.

Il n'est pas inutile de dire ici, que j'avois
fait imprimer à mes frais ma brochure contre
les Médecins ; que l'impression m'en a coûté
environ 30 louis, & que le quart de cette
somme m'est à peine rentré. On se doute bien
d'ailleurs que ce n'est pas aux dépens du Docteur
Mesmer que j'ai voyagé, tant à Spa qu'en
Flandre : je continue.

Depuis mon voyage à Spa, j'ai resté environ
un an à Paris au traitement du Docteur Mesmer, ne m'occupant uniquement que de ma
santé & de mes affaires personnelles, décidé
par tout ce que je voyois autour de moi, à
demeurer absolument étranger aux querelles
dans lesquelles pouvoit être entraîné l'Auteur
du Magnétisme, & attendant paisiblement avec
la multitude, le moment où cette découverte
singulière deviendroit publique.

Tout le monde a connu les relations du Docteur Mesmer avec le Docteur d'Eslon : tout le
monde a su comment ces relations ont fini.

Le Docteur d'Eslon avoit le premier célébré

les effets du Magnétifme en France; il les avoit annoncés à la Faculté de Paris , dont il étoit membre , de la manière la plus avantageufe pour le Docteur Mefmer. La Faculté, par des motifs qu'il ne s'agit pas d'apprécier ici, loin d'accueillir le Docteur d'Eflon, avoit porté contre lui un Décret , par lequel elle le fufpendoit de toutes fes fonctions Doctorales , fi, dans un efpace de temps déterminé , il ne revenoit pas à des opinions plus faines que celles qu'il avoit adoptées.

Pour que ce décret eût force de loi, il falloit que la Faculté le confirmât dans deux de fes affemblées. Une affemblée avoit été déjà tenue, & le décret avoit été approuvé ; reftoit à tenir une troifiéme Affemblée. Le Docteur Mefmer preffoit le Docteur d'Eflon de la demander, & leur projet commun étoit, autant que je puis m'en reffouvenir, d'appeller de la confirmation du décret au Parlement , où fans doute on eût plaidé avec le plus grand éclat la caufe du Magnétifme contre la Faculté.

Le Docteur d'Eflon ne refufoit pas de paroître une troifiéme fois dans le fein de fa compagnie pour fubir fon jugement ; mais il n'auroit voulu s'y montrer que comme poffédant la Doctrine & la découverte du Magnétifme-Animal & en conféquence il preffoit fouvent le Docteur Mefmer de l'avouer pour fon difciple & de lui révéler l'une & l'autre.

Cet état de chofes dura jufqu'à la fin de Juillet 1782 ; à cette époque le Docteur Mefmer forma de nouveau le deffein de fe rendre aux Eaux de Spa, decidé à y féjourner environ trois mois, pour fe diſtraire, diſoit-il, des chagrins de toute eſpéce qu'on lui avoit fait éprouver en France.

Avant ſon départ, il fut convenu que, pendant ſon ſéjour à Spa, le Docteur d'Eſlon demanderoit la troiſiéme aſſemblée dont je viens de parler, & que, ſi la Faculté perſiſtoit dans ſon décret contre lui, il feroit ſoudain appel de ce décret au Parlement.

Le Magnétiſme avoit amélioré ma ſanté; mais ma guériſon étoit encore éloignée, & une circonſtance impérieuſe me retenoit à Paris.

J'étois alors chargé auprès du Miniſtère d'une affaire qui intéreſſoit tout le commerce du Royaume, & qui pouvoit influer par ſon mauvais ſuccès ſur le ſort d'une portion conſidérable de ma famille. Cette affaire exigeoit ma préſence dans la Capitale, & je craignois que, ſi je m'en éloignois au moment de ſa déciſion, le parti qu'on prendroit ne me fût pas favorable.

On m'avoit aſſuré que le Docteur d'Eſlon étoit inſtruit de la Doctrine & des procédés du Docteur Meſmer, & qu'immédiatement après le départ de celui-ci, il auroit un traitement où il recevroit des malades. On va voir qu'au moins juſqu'à un certain point on ne m'avoit pas trompé. Je m'adreſſai au Docteur Meſmer, pour être certain de la vérité de ce fait, & je lui expoſai les circonſtances dans leſquelles je me trouvois. Le Docteur Meſmer me dit que le fait étoit faux; qu'il ne laiſſoit aucun ſucceſſeur à Paris; & que, ſi j'aimais ma ſanté, je n'avois rien de mieux à faire que de le ſuivre une ſeconde fois aux eaux de Spa, avec

quelques-uns de ſes malades qui l'y accompa-
gnoient. Je crus le Docteur Meſmer ; &, après
avoir mis ordre , tant bien que mal , à mes
affaires , j'allai le rejoindre à Spa.

Environ trois ſemaines après mon arrivée à
Spa, un ami du Docteur d'Eſlon écrivit au Docteur Meſmer , une lettre par laquelle il lui
apprenoit que le Docteur d'Eſlon avoit comparu
devant ſa Faculté ; qu'il y avoit défendu avec
beaucoup de fermeté la cauſe du Magnétiſme-
Animal ; que, pour donner plus de valeur à ce qu'il
diſoit, il s'y étoit annoncé comme ayant lui-même
fait des cures par le Magnétiſme-Animal ; que
ſa Faculté ne l'ayant pas mieux accueilli cette
troiſiéme fois que les deux premières, il avoit
enfin appellé, ſuivant leur convention, de ſon
décret au Parlement, & qu'en attendant qu'il
fût ſtatué définitivement ſur ſa conteſtation, avec
ſa compagnie, il avoit ouvert un traitement
où ſe rendoit tous les jours un grand nombre de
malades.

La Lettre étoit accompagnée du diſcours du
Docteur d'Eſlon à ſa Faculté.

Le paquet qui contenoit la lettre & le diſcours , fut ouvert dans une maiſon où étoient
raſſemblés quelques malades du Docteur Meſmer : on me pria de faire la lecture des deux
piéces. Je les lus avec beaucoup de tranquillité ;
je fus ſurpris, avant la fin de la lecture, d'entendre le Docteur Meſmer s'écrier qu'il étoit ruiné,
perdu pour jamais ; que le Docteur d'Eſlon avoit
manqué à tous ſes engagemens avec lui ; qu'il
étoit faux qu'il poſſédât la connoiſſance du
Magnétiſme-Animal ; qu'il en impoſoit au Public

par quelques procédés qu'il lui avoit dérobés ;
mais que ce qu'il y avoit d'affreux , c'est que ,
pouvant produire des effets avec ces procédés , il
se feroit sûrement un grand nombre de parti-
sans , tandis que lui , Docteur Mesmer , Auteur
d'une Science nouvelle , immense par son étendue , seroit réduit à aller mourir dans quelque
solitude obscure , sans fortune , sans gloire &
peut-être encore calomnié par l'homme qui
venoit de le trahir.

Les personnes qui écoutoient le Docteur
Mesmer , s'interressèrent vivement à sa douleur,
& proposèrent de prendre sur le champ un
parti décisif contre le Docteur d'Eslon. Moi
seul , je demeurai calme & froid. Je représentai
qu'il me paroissoit imprudent d'agir avant que
d'avoir obtenu de la part du Docteur d'Eslon ,
des éclaircissemens qui peut-être le justifie-
roient ; qu'il falloit lui écrire , écrire à l'ami du
Docteur d'Eslon , & ne se décider qu'après avoir
reçu leurs réponses.

Malheureusement les réponses qui furent tar-
dives , ne satisfirent pas le Docteur Mesmer ;
& en effet elles ne devoient pas le satisfaire.
Je trouvai les unes trop laconiques , les autres
dures & peu convenables à la situation malheu-
reuse dans laquelle je le voyois jetté. Peut-
être eût-on écrit différemment , si l'on eût été
bien instruit de la manière dont le Docteur
Mesmer étoit affecté. Quoi qu'il en soit , on écrivit
de façon à l'aigrir davantage.

Alors toutes les personnes qui l'environnoient
eurent recours à moi , & me pressèrent de m'in-
terresser à son sort. Je déclarai qu'il m'étoit impossible de le faire. Je m'expliquai même très-

vivement fur ce point avec Mme la Mar-
quife de Fleury, qui m'en preffoit plus que
les autres. S'il faut tout dire, indépendamment
de plufieurs motifs particuliers, que je veux
bien taire ici, je repréfentai qu'il m'étoit impoffible de parler & d'écrire pour un homme
qui, annonçant par-tout qu'il avoit une découverte, univerfellement & effentiellement utile
à l'Humanité, en fubordonnoit la deftinée à
l'intérêt de fa gloire, ou, ce qui eft pis encore,
à l'intérêt de fa fortune.

On combattit mon opinion en m'affurant
que fi jufqu'à préfent le Docteur Mefmer n'a-
voit pas publié fa découverte, c'eft que la vérité n'en devenoit certaine que par une foule
d'expériences délicates, qui ne pouvoient
être faites que par des hommes qui l'auroient
vu long-temps pratiquer lui-même; qu'ainfi,
avant tout, il lui falloit une école, & que c'é-
toit parce qu'il lui falloit une école, & qu'il
n'avoit pas les fonds & l'autorité néceffaires
pour en établir une, qu'il étoit réduit à garder
le filence fur une chofe qu'il étoit plus empreffé que perfonne de rendre publique.

Je fus ébloui par ces raifons que depuis, la
connoiffance que j'ai acquife de la découverte
du Docteur Mefmer m'a démontré être abfolument fauffes; mais quoiqu'ébloui, je perfif-
tois toujours à demeurer étranger aux querelles
du Docteur Mefmer avec le Docteur d'Eflon.
Enfin on me peignit fi fouvent & d'une manière fi forte la fituation du Docteur Mefmer;
moi-même, obéiffant aux mouvemens de la pitié,
toujours chez moi trop active, je le vis fi
abandonné, dans un délaiffement fi pénible

& fi univerfel, d'ailleurs on me parla d'une manière fi vraifemblable des torts du Docteur d'Eflon avec lui ; on répéta tant de fois que le Docteur d'Eflon ne favoit rien, qu'il en impofoit au Public, & que fa conduite tendoit à priver l'Humanité de la connoiffance d'une grande découverte, en faifant périr de chagrin fon auteur, que j'eus la foibleffe de me laiffer fléchir. Je promis, avec trop d'imprudence fans doute, de défendre le Docteur Mefmer contre le Docteur d'Eflon, & en même-temps d'affurer, autant qu'il dépendroit de moi, la fortune & la gloire du Docteur Mefmer, en le plaçant dans une fituation, où il put, fans inconvénient pour lui-même, rendre fa découverte publique.

En conféquence de mon imprudente promeffe, je rédigeai, au nom du Docteur Mefmer, & d'après fes idées, une Lettre au Doyen de la Faculté de Paris, où le Docteur Mefmer défavouoit le Docteur d'Eflon, comme s'étant dit fauffement poffeffeur de la Doctrine & de la découverte du Magnétifme Animal. En même-temps & par les confeils de M. Kornmann, j'imaginai le plan d'une foufcription, ayant pour objet d'affurer la fortune du Docteur Mefmer, & de le mettre en état de *publier*, le plus-tôt poffible, *fa Doctrine & fa découverte.*

La Soufcription devoit être compofée de cent actions, à cent louis chacune; les cent actions remplies & leur prix acquitté, le Docteur Mefmer devoit raffembler fes actionnaires & leur révéler le fyftême de fes connoiffances, dont ceux-ci pourroient difpofer enfuite comme d'une propriété à eux.

Le projet plut beaucoup au Docteur Mesmer; je lui déclarai d'ailleurs que mon intention étoit de ne me mêler de ses affaires, qu'autant qu'il l'adopteroit, n'entendant pas me faire le Ministre d'une Doctrine oculte; trouvant juste, que si cette Doctrine étoit utile, l'Auteur en fût recompensé; mais voulant essentiellement que, par la voie la plus courte, l'Humanité recueillît les avantages qu'il prétendoit devoir en résulter.

Je ne dois pas omettre ici un fait remarquable. Dans le cours des négociations employées pour m'engager à prendre la défense du Docteur Mesmer, j'avois eu avec lui plus d'une conférence sur sa situation. M. Kornmann, qui étoit comme moi aux Eaux de Spa, assistoit à ces conférences. Je me rappelle très-bien, que, ne comptant plus sur les espérances de fortune, qu'il avoit conçues autrefois pour lui-même de la révélation de sa découverte, le Docteur Mesmer nous disoit souvent que, si quelqu'un vouloit lui assurer trois mille livres de rentes viagères, il l'instruiroit volontiers de tout ce qu'il savoit. On imagine bien que nous n'étions pas gens à accepter une telle proposition; mais ceci prouve que, lorsque le Docteur Mesmer trouva bon de s'adresser à moi, au moment de la défection, ou vraie, ou prétendue du Docteur d'Eslon, il pouvoit en effet avoir besoin d'un appui.

Enfin, après trois mois d'absence nous revinmes à Paris. A mon arrivée dans cette ville, je trouvai quelques anciens malades ou amis du Docteur Mesmer, tels que M. le Bailli des

Barres, MM. de Puyſégur, le P. Gérard, &c. auxquels je communiquai mon plan de ſouſcription : ils l'approuvèrent ; je le rédigeai en conſequence, & je le dépoſai chez Me Margantin, Notaire, avec le modéle d'un Acte particulier que chaque Souſcripteur devoit ſigner, portant promeſſe de payer à la première réquiſition, *une ſomme de* 2400 *liv. montant d'une des cent actions de la Souſcription ouverte pour mettre le Docteur Meſmer en état de publier ſa découverte* (1).

Au bout d'un mois, le Docteur Meſmer comptoit environ vingt Souſcripteurs, à la tête deſquels je me trouvai. Parmi ces Souſcripteurs étoit M. le Bailli des Barres, que ſes affaires appelloient à Malte, & qui déſiroit y porter la nouvelle découverte.

M. le Bailli des Barres étoit dans des circonſtances qui ne lui permettoient pas d'attendre que la ſouſcription fut remplie ; en conſéquence, il lui vint en idée de faire au Docteur Meſmer des offres particulières que nous concertames enſemble. Ces offres conſiſtoient à

---

(1) Voici l'Acte particulier dont il s'agit, tel qu'il a été ſigné chez Me Margantin, par les premiers Eléves du Docteur Meſmer :

« Nous ſouſſignés nous engageons à dépoſer, à la pre-
» mière réquiſition, entre les mains de Me Margantin,
» Notaire rue Saint-Honoré, la ſomme de deux mille
» quatre-cents livres pour une Action à prendre dans les
» cent qui doivent former le montant d'une ſouſcription
» qui a pour objet d'engager M. Meſmer a *publier ſa Dé-*
» *couverte*, en lui fourniſſant les reſſources dont il a be-
» ſoin pour la rendre univerſellement utile : A Paris ce 1o
» Mars 1783 ».

affurer au Docteur Mefmer, durant la vie du Bailli des Barres, une rente viagère de mille écus, dont la première année feroit payée d'avance. Au moyen de cette rente viagère, le Docteur Mefmer devoit inftruire de fa doctrine, fous la promeffe du fecret, le Bailli des Barres, & un Médecin au choix du Bailli des Barres.

Je fus chargé de négocier cette affaire auprès du Docteur Mefmer, & je m'en occupai d'autant plus volontiers que, celui-ci m'ayant affuré plufieurs fois que perfonne abfolument ne poffédoit le fyftême de fes connoiffances, il me fembloit que je garantiffois la poffeffion de ce fyftême à l'Humanité, en faifant enforte qu'il fût dépofé en plufieurs mains.

Ma négociation fut longue; il me fallut vaincre des défiances & des craintes fans bornes. Enfin je réuffis, & le Bailli des Barres & fon Médecin, partirent pour Malte, inftruits dans la Doctrine du Magnétifme-Animal. Depuis, & lorfque la foufcription ouverte au profit du Docteur Mefmer a été à peu près remplie, il m'a fallu négocier de nouveau, pour faire affranchir le Bailli des Barres de fon engagement.

Pendant que je m'occupois de toutes ces chofes, un ami du Docteur d'Eflon travailloit auprès du Docteur Mefmer à opérer entr'eux une réconciliation qu'on croyoit néceffaire à la profpérité de la nouvelle Doctrine : le Docteur Mefmer s'oppofoit à toute efpéce d'accommodement, & ne vouloit pas fur-tout entendre parler de voir le Docteur d'Eflon. Celui-ci eut alors l'occafion de lui propofer, au nom de cent particuliers réſidents dans une grande ville de Province, une ſouſcription de cent mille écus qui, diſoit-il, ſeroit remplie ſur le champ. Je ne ſais ſi la ſouſcription a véritablement exiſté, mais ce que je ſais, c'eſt que ſitôt qu'elle fut propoſée, il n'y eut plus de barrière entre le Docteur Meſmer & le Docteur d'Eſlon : on laiſſa là ma ſouſcription qui commençoit à peine ; & des baſes fixes furent déterminées pour une prochaine réconciliation entre l'offenſeur & l'offenſé.

Tandis qu'on travailloit à déterminer ces baſes, l'ami du Docteur d'Eſlon dont il s'agit ici, me propoſa un plan pour faire proſpérer la Doctrine du Magnétiſme-Animal à Paris. Dans ce plan, qui pouvoit être bon en lui-même, on regardoit comme une choſe néceſſaire de tenir cette Doctrine ſecrette encore pluſieurs années, tant pour exciter davantage la curioſité publique, que pour l'utilité des Médecins qui s'en occuperoient. Je rejettai ce plan, uniquement parce qu'il éloignoit *la publicité de la Doctrine* ; &, indigné qu'on eût oſé me le propoſer, je m'abſtins pendant quelque tems de m'intéreſſer à la deſtinée du Docteur Meſmer.

Enfin la réconciliation entre le Docteur Meſmer & le Docteur d'Eſlon fut irrévocablement arrêtée ; je ne m'étois jamais oppoſé à ce qu'elle eût lieu ; mais il me parut que le Docteur Meſmer ne devoit rien terminer ſans m'en prévenir. J'avois embraſſé ſa défenſe contre le Docteur d'Eſlon ; je venois de lui rendre quelque ſervice dans l'affaire du Bailli des Barres, c'étoit ſûrement à ma fermeté qu'il devoit ſon actuelle exiſ-

tence, & il réfultoit de la manière dont il s'é-
toit réconcilié avec le Docteur d'Eflon, en me
cachant toutes fes démarches, qu'il me don-
noit pour ennemis, les partifans très-nombreux
de ce Docteur, & qu'il me faifoit confidérer
comme l'Auteur des divifions qui avoient fubfifté entr'eux, divifions que j'aurois voulu prévenir, & qui, fi j'avois été cru, n'auroient
jamais éclaté.

Une telle conduite m'irrita ; je formai le deffein de ne plus mettre les pieds chez le Docteur Mefmer, où le foin de ma fanté m'appelloit tous les jours. On le lui dit ; il fe con-
tenta de répondre *qu'il n'avoit plus befoin de
moi.* Quelques perfonnes plus honnêtes, entr'autres M. le Bailli des Barres, qui étoit encore à Paris, M. le Chevalier des Barres fon
frère, M. le Comte de Chaftenet-Puyfégur,
M. le Comte Maxime de Puyfégur, M. Court
de Gébelin qui vivoit alors, &c. &c. &c. &c.,
m'invitèrent à n'être pas dupe de ma colère ;
&, puifque le Magnétifme avoit amélioré ma
fanté, ils me preffèrent de retourner chez le
Docteur Mefmer pour achever ma guérifon :
je les crus ; j'eus tort de les croire.

On fait que la réconciliation du Docteur Mefmer
avec le Docteur d'Eflon a peu duré. Je ne parlerai
pas ici des circonftances qui l'ont pour jamais interrompue. Je dirai feulement que le Docteur
Mefmer accufa le Docteur d'Eflon de l'avoir
trahi une feconde fois ; que, pour prouver fon
accufation, il raffembla beaucoup de circonftances qui parurent d'autant plus vraifemblables, que le Docteur d'Eflon qui avoit un traitement

tement chez le Docteur Mesmer , s'en retira sans juger à propos d'y répondre.

Alors on revint à moi, & on y revenoit toujours dans les circonstances pénibles. On me parla de la souscription que j'avois ouverte , & à laquelle on paroissoit avoir renoncé ; on me demanda les moyens de la faire revivre. La chose ne me parût pas facile ; cependant, après y avoir réfléchi, je proposai de former , des Souscripteurs actuellement existants , & qui pouvoient se trouver au nombre de douze , une société, qui deviendroit dépositaire de la Doctrine du Magnétisme-Animal, qui se chargeroit de la répandre de la manière la plus convenable, sitôt que la souscription seroit absolument remplie, & dont chaque membre , jusqu'à cette époque, demeureroit assujetti au secret envers le Docteur Mesmer. On me demanda des réglements pour cette société, à laquelle on donna d'abord, bien malgré moi , la ridicule dénomination de *Loge*. Je fis des réglements provisoires que le Docteur Mesmer signa avec tous ses associés.

Les réglemens signés , on s'assembla , & le Docteur Mesmer, oubliant tout ce qu'on avoit fait pour lui, commença d'abord par marquer une défiance très-injurieuse aux personnes dont il étoit environné, & déclara que, toute réflexion faite, il ne leur révéleroit sa Doctrine, qu'autant qu'elles lui payeroient, ou que du moins elles lui garantiroient solidairement la somme de 240,000 livres, montant de la souscription que j'avois ouverte à son profit. On

B

imagine bien qu'un tel parti ne fut point accepté; on alloit se retirer très-indigné contre le Docteur Mesmer, lorsqu'au lieu de ce parti, je proposai de lui assurer, indépendamment de la somme de douze cents louis que nous lui avions déja remise, une autre somme de douze cents louis, si dans l'espace de quatre mois, nous ne lui trouvions pas douze Éléves pour nous succéder dans l'acquisition de sa découverte: après quelques débats, le Docteur Mesmer accepta ma proposition.

On délibéra ensuite sur la question de savoir si l'on obligeroit les nouveaux adeptes à aller signer chez le Notaire Margantin une soumission semblable à celle que nous avions signée, ou si tout simplement on nommeroit une personne de la société pour recevoir leurs cent louis au nom du Docteur Mesmer & de la société; ce dernier avis prévalut, parce qu'il étoit conforme aux réglements qui venoient d'être signés, réglements où il étoit dit que personne ne seroit reçu dans la société qu'autant qu'il payeroit dans les mains d'un des associés qui seroit désigné, une somme de cent louis pour *acquitter le prix de la souscription ouverte en faveur du Docteur Mesmer.*

On délibéra en second lieu sur la question de savoir quelle forme on donneroit à l'engagement que l'on contracteroit envers le Docteur Mesmer, relativement au secret demandé par lui sur sa découverte. La plupart vouloient que, sous peine de dommages-intérêts considérables, on s'obligeât au secret, tant envers la société, qu'envers le Docteur Mesmer, lesquels, en cas de révélation du secret, pourfuivroient enfemble, & ne pourroient pourfuivre qu'enfemble les coupables; le Docteur Mefmer étoit de cet avis. Je ne penfai pas de même, &, pour fon propre avantage, je repréfentai, que la fociété n'avoit aucune exiftence civile dans l'Etat, qu'elle n'étoit point avouée par le Gouvernement, qu'elle pouvoit être diffoute d'un inftant à l'autre, qu'il feroit donc poffible qu'il arrivât une circonftance où il ne refteroit au Docteur Mefmer aucune reffource légale, contre ceux qui auroient manqué à leur engagement, fi chacun de nous ne s'engageoit envers lui par des actes particuliers & abfolument obligatoires indépendamment de l'exiftence de la fociété. On revint à mon opinion; delà l'origine de ces actes individuels dont le Docteur Mefmer voudroit fe prévaloir aujourd'hui contre les perfonnes qui ont travaillé avec le plus de fuccès à fa fortune & à fa renommée.

On délibéra en troifiéme lieu fur la queftion de favoir fi, dans l'engagement qu'on foufcriroit on feroit mention de la Soufcription, & fi l'on diroit expreffément que, la Soufcription remplie, l'engagement n'exifteroit plus. J'expofai fur ce point, que parce qu'on faifoit parler & ftipuler le Docteur Mefmer dans l'acte dont il s'agiffoit, fi l'on y rappelloit la Soufcription, il s'y montreroit en quelque forte, comme vendant une découverte utile à l'humanité, idée odieufe qu'il falloit foigneufement écarter; qu'il convenoit de lui donner une preuve de confiance & de nobleffe, en s'abandonnant en partie à sa bonne-foi ; que d'ailleurs on n'avoit rien à craindre de sa part , puisque la société devoit son origine à la Souscription, puisqu'il étoit parlé de la Souscription dans les réglemens signés par le Docteur Mesmer , puisque le Prospectus de la souscription avoué par lui , énonçoit positivement , que sitôt que la Souscription seroit remplie , il s'occuperoit de publier sa découverte. On goûta mes raisons , & voilà pourquoi , dans l'engagement individuel , dont se prévaut le Docteur Mesmer , il n'est point mis de terme aux obligations qu'il renferme ; on ne pouvoit mettre un terme à ces obligations, sans rappeller la souscription dont il parut convenable de ne point parler.

Ces points arrêtés, on nomma quatre Rédacteurs de la Doctrine du Docteur Mesmer, au nombre desquels on imagine bien que je fus placé : j'avois vu des effets extraordinaires opérés par ce que le Docteur Mesmer appelloit le *Magnétisme-Animal*; ces effets me paroissoient tenir à une cause universelle dans la Nature ; & il me sembloit que cette cause une fois bien connue , jetteroit de grandes lumières sur les rapports de l'économie particulière de l'homme, avec l'économie générale du monde. J'étois donc très-empressé de connoître la théorie du Docteur Mesmer. Je l'avoue, cette théorie contenue en soixante pages , ne répondit pas à l'opinion que je m'en étois faite ; à travers beaucoup d'idées incohérentes & même contradictoires, je découvris bien quelques apperçus d'une grande étendue , & en partie neufs pour moi ; mais ces apperçus ne me paroissoient point

appartenir aux principes dont on les faifoit dé-
pendre ; & ces principes eux-mêmes n'étoient
pas toujours vrais pour un homme qui, a-
coutumé de très-bonne heure à la méthode des
géométres, n'adopte guères que ce qui lui eſt
démontré. En deux mots, il me parut que le
Docteur Meſmer, par les expériences qu'il
nous avoit miſes ſous les yeux, & quelques-
uns de ſes apperçus qui, je dois l'avouer, ſup-
poſoient en lui le génie de l'obſervation porté
à un très-haut degré, nous avoit préparés à
une théorie plus vaſte ſur la Nature & ſur
l'homme, que les théories imparfaites que nous
connoiſſions, mais que cette théorie plus vaſte
étoit à peine commencée.

Pour mettre enſemble les faits d'une eſpéce
ſemblable, je dirai tout de ſuite ici que par in-
tervalle, j'oſai propoſer quelques doutes ſur la
Doctrine du Docteur Meſmer; que je parvins
même à faire nommer dans la ſociété un comité, appellé *Comité d'Inſtruction*, lequel avoit
pour objet d'examiner cette Doctrine, de la
réduire au petit nombre de vérités qu'elle
contenoit, & d'en ſéparer abſolument tout ce
qui paroîtroit erronné ou inutile. Mes doutes
furent toujours très-mal reçus, tant par le
Docteur Meſmer, que par quelques enthou-
ſiaſtes, dont il avoit eu l'art de s'environner ;
& je ne ſais comment il arriva que le comité
d'inſtruction ne put jamais parvenir à s'occuper
de la miſſion pour laquelle il avoit été inſtitué.

Cependant notre ſociété prenoit un accroiſ-
ſement rapide: en peu de temps elle ſe trouva
compoſée de quarante perſonnes. Alors parut

rent dans le *Journal de Paris*, des lettres de M.
de Mont-joye, lesquelles contenoient, disoit-il,
toute la théorie du Docteur Mesmer. Il faut
l'avouer maintenant, ce que le Docteur Mesmer
nous avoit donné, ne valoit guères mieux que
ce que contenoient ces lettres. Mais j'apperçe-
vois la possibilité de trouver mieux, & déjà
même j'avois fait des recherches qui me prou-
voient que j'avois mieux trouvé. Je me déci-
dai en conséquence à désavouer, au nom du
Docteur Mesmer, la Doctrine exposée dans les
lettres de M. de Mont-joye, non pas comme
fausse en tout point, mais comme mêlée de
beaucoup d'erreurs : de plus, je fis remarquer
que ces lettres n'avoient été vraisemblablement
imprimées, que pour arrêter le cours de la
fortune du Docteur Mesmer, & empêcher le
succès de la Souscription. Je m'expliquai d'ailleurs avec tant de modération & de simplicité,
que j'acquis en peu de temps la bienveillance
publique au Docteur Mesmer, & que, quinze
jours après, je pus lui présenter une liste de
cinquante personnes environ, la plupart d'un
rang distingué, qui demandoient à être admises
au nombre de ses Eléves, en payant le prix
de la souscription.

Alors M. le Marquis de *** (1), Président
de la société, proposa de changer la forme de
l'engagement qu'on avoit fait souscrire jusqu'à

(1) Le motif du Marquis de ***, étoit que la Souscription
étoit presque remplie, & que le Docteur Mesmer n'étoit plus
dans le cas de craindre qu'une révélation prématurée de sa Doctrine, le privât des avantages pécuniaires qu'il en avoit attendus.

cette époque à chaque Eléve ; d'en supprimer une clause de cinquante-mille écus de dommages-intérêts que le Docteur Mesmer avoit exigé qu'on y inserât, contre tout Eléve qui révéleroit sa Doctrine, & même de substituer à l'engagement une simple parole d'honneur, donnée en présence de la société assemblée.

Tout le monde fut de l'avis du Marquis de ***, excepté le Docteur Mesmer. Enfin, après de longs débats, le Docteur Mesmer fut obligé de consentir à ce qu'on supprimât la clause des cinquante mille écus ; &, par déférence pour lui, on laissa subsister l'engagement avec ses autres clauses, telles qu'elles avoient été d'abord arrêtées par les douze premiers fondateurs de la Société.

Il résultoit de la délibération & il fut dit expressément que les engagemens souscrits par les quarante premiers Eléves, avec la clause de 150,000 livres, seroient échangés, à leur première requisition, contre les engagemens plus simples qu'alloient souscrire les nouveaux Eléves. Il eût été absurde en effet que les nouveaux Eléves, qui avoient moins fait que les premiers pour le Docteur Mesmer, fussent mieux traités qu'eux, & qu'il subsistât dans la Société, & parmi des hommes qui avoient les mêmes droits, des obligations d'une espéce différente.

On voit ici avec combien peu de fondement le Docteur Mesmer s'est prévalu contre moi dans son Libelle, & a voulu se prévaloir auparavant, contre M. le Comte d'Avaux, au Tribunal de MM. les Maréchaux de France, de l'engagement dans lequel est insérée la clause de cinquante mille écus : cet engagement ne subsiste plus pour aucun de ses Eléves; &, si ceux qui l'ont souscrit n'ont pas jugé à propos de le lui redemander , c'est par un excès de confiance en lui; c'est qu'ils savoient bien qu'à tous les instans, ils avoient le droit d'exiger qu'il le leur rendît.

Le Gouvernement ne voyoit pas d'un œil indifférent les progrès du Magnétisme en France; parce que cette Doctrine demeuroit enveloppée des ombres du mystère, il crut qu'il étoit de sa sagesse de faire examiner jusqu'à quel point elle pouvoit être nuisible ou utile; en conséquence il nomma des Commissaires auxquels il enjoignit de se transporter chez le Docteur d'Eslon , à l'effet d'y acquérir la connoissance des phénomènes produits par le Magnétisme , & de donner leur avis sur la fausseté ou la vérité de cette science singulière.

J'aurois bien désiré , & je crois que presque tous les Eléves du Docteur Mesmer désiroient comme moi, que les Commissaires vinssent dans le sein de notre société , procéder à l'examen du Magnétisme. Nous n'avions pas le moindre intérêt à empêcher que le Magnétisme fût examiné, & il nous sembloit que nous pourrions donner tous les renseignemens nécessaires pour éclairer le Gouvernement sur ce qui faisoit l'objet, ou de son inquiétude, ou de ses recherches.

Malheureusement l'autorité en avoit décidé autrement. Dans de telles circonstances, craignant que les Commissaires n'agissent & ne prononçassent d'une manière défavorable au Magnétisme, j'imaginai de ménager au Docteur Mesmer & à sa Société, une réclamation contre leur rapport.

D'après cette idée, j'écrivis, au nom du Docteur Mesmer, à M. Francklin, premier Commissaire, une lettre, dans laquelle j'exposai combien il me paroissoit étrange qu'on allât chercher chez le Docteur d'Eslon, ce qu'il falloit penser d'une découverte qui ne lui appartenoit pas. Je faisois protester dans cette lettre le Docteur Mesmer, contre tout ce qui se feroit chez le Docteur d'Eslon, & j'accompagnai la lettre d'un Mémoire contre le Docteur d'Eslon rédigé sur des faits dont le Docteur Mesmer m'avoit garanti la vérité. On m'assure aujourd'hui que la plupart de ces faits sont faux.

Je fis écrire de la même manière le Docteur Mesmer à M. le Baron de Breteuil, & j'attendis ensuite avec tranquillité le rapport des Commissaires.

Tandis que je m'occupois ainsi à garantir au-dehors le Docteur Mesmer des coups qu'on pouvoit lui porter; au-dedans il me falloit appaiser bien des murmures. La plupart de ses Eléves étoient mécontens de la manière dont il leur avoit expliqué sa Doctrine. On me pria de donner sur cette Doctrine des idées plus nettes que celles qu'on avoit recueillies auprès de lui : j'y consentis & je rédigeai en quinze jours des cahiers où j'essayai d'enchaîner dans un seul système ce que le Docteur Mesmer avoit dit sur le monde, sur les principes des êtres & sur l'homme. Pour faire cet enchaîhement, j'eus befoin d'affocier aux idées du Docteur Mefmer, beaucoup d'idées qui n'étoient pas à lui, beaucoup d'idées dont le plus grand nombre m'appartenoit. Si j'avois ofé alors, j'aurois fait plus ; j'aurois écarté de mon travail une foule d'erreurs que je fus obligé d'y laiffer, parce que c'étoient les erreurs du Docteur Mefmer, & qu'au fond on ne me demandoit pas mes idées, mais les fiennes.

Mes cahiers rédigés, je développai la Doctrine du Magnétifme avec affez de fuccès pour me faire comprendre, tant par les anciens Eléves du Docteur Mefmer, que par les nouveaux qui accouroient de toute part pour recueillir fes principes. Grace à mes foins, le Docteur Mefmer conferva ou recueillit, dans deux Cours que je me donnai la peine de faire, plus de deux cents vingt mille livres. Vous obferverez que le Docteur Mefmer affiftoit à mes Cours, mais qu'il n'y parloit pas.

Depuis on m'a prié de faire graver mes cahiers, & j'ai fait pour cet objet une avance de plus de cent louis que je n'ai recueillie que par petites fommes, & dont la totalité ne m'eft pas même encore entiérement rentrée.

Je ne perdois pas de vue les Commiffaires qui s'occupoient chez le Docteur d'Eflon de l'examen du Magnétifme. Pour rendre leur travail inutile & me ménager des reffources contre l'opinion qu'ils pourroient faire naître, je m'occupai, de concert avec les chefs de notre fociété, & d'après le vœu d'une de fes affemblées, à établir dans les Provinces & dans l'Étranger, des traitemens Magnétiques, & des fociétés deftinées comme la nôtre à veiller au maintien & à la propagation de la découverte que nous avions acquife. En peu de temps, non-feulement la France, mais l'Italie, mais l'Amérique, connurent le Magnétifme, & à côté de l'opinion qui fe préparoit contre nous, j'eus la fatisfaction de voir s'élever dans le filence une opinion fuffifante pour nous défendre.

Enfin, le rapport des Commiffaires parut. On fe rappelle encore la fenfation qu'il produifit. Tout le monde crut que la nouvelle Doctrine ne pourroit fe relever du coup qui lui étoit porté. J'appris dans le même jour qu'elle alloit être profcrite par un Arrêt du Confeil, par un Décret de la Faculté de Médecine qui, à la vérité, n'étoit pas auffi dangereux qu'un Arrêt du Confeil; par une décifion folemnelle de l'Académie des Sciences; &, de plus, nous fumes menacés d'un réquifitoire de la part du Miniftère public. Il n'étoit peut-être pas bien facile de choifir à travers toutes ces circonftances la meilleure fituation pour fe garantir de l'orage qui paroiffoit prêt à fondre fur nos têtes.

Le Docteur Mefmer eut peur de l'orage. Il me déclara ainfi qu'à M. d'Eprémefnil, l'un des Chefs de la fociété, & à M. Kornmann, Tréforier de la fociété, qu'il vouloit partir fur le champ pour l'Angleterre, & que fon intention étoit, s'il étoit poffible, de laiffer entièrement tomber la Doctrine du Magnétifme-Animal en France, regardant la Nation Françoife comme indigne de poff1éder cette Doc-

trine, par l'efpéce de perfécution qu'elle fuf-
citoit à fon inventeur.

Le Docteur Mefmer venoit de recevoir plus
de cent mille écus des Eléves qu'il avoit formés en France ; ces cent mille écus avoient
été payés fur les quittances de M. de Kornmann. S'il quittoit la France, il paroiffoit ac-
quiefcer au Jugement porté contre lui par les
Commiffaires du Roi; & M. Kornmann demeuroit expofé aux répétitions qui pouvoient
lui être faites de la part de beaucoup d'Eléves,
qui auroient regardé la fuite du Docteur Mefmer, comme une preuve qu'il ne leur avoit en-
feigné que des erreurs. De plus, moi qui l'a-
vois défendu fi long-temps, qui avois contribué, plus que perfonne, à former autour de
lui une opinion favorable, je me trouvois expofé aux haines de toute efpéce qu'il avoit
excitées, & fon départ ne me laiffoit aucun
moyen de m'en garantir.

Je fis remarquer au Docteur Mefmer, le peu
d'honnêteté de fon projet, & M. d'Eprémefnil,
M. Kornmann, moi & quelques autres de fes
Eléves nous le déterminâmes, non fans beaucoup de peine, à refter en France, & à y attendre avec fermeté, la profcription de fa
Doctrine, fi en effet on avoit réfolu de la
profcrire.

En même-temps, pour empêcher cette profcription, de l'avis de M. d'Eprémefnil, j'a-
dreffai au nom du Docteur Mefmer une Requête au Parlement, Requête par laquelle il
fe mettoit fous la protection de la Loi, & où
fe prévalant de ce que le Magnétifme-Animal

n'avoit pas été jugé chez lui, mais chez un Difciple qu'il appelloit infidéle, & qui pouvoit ne le pas connoître, il demandoit qu'il plût aux Magiftrats de lui nommer des Commiffaires pour procéder, avec le plus grand éclat & de la manière la plus folemnelle, à un nouveau Jugement de fa Doctrine.

Cette Requête écrite avec quelque nobleffe, changea le cours de l'opinion; elle rappella l'autorité à fa circonfpection & à fa prudence ordinaires; le Parlement l'admit; &, dès ce moment, le Magnétifme & fon Auteur n'eurent plus de perfécution publique à redouter.

Ce n'eft pas tout. Il falloit prouver aux Commiffaires que leur rapport adopté d'abord avec une forte d'enthoufiafme, ne méritoit pas toute fa renommée, & donner au Public des idées plus grandes & fur-tout plus juftes, qu'ils ne l'avoient fait, de la Doctrine dont ils avoient demandé la profcription.

Dans ce deffein, je me retirai à la campagne; &, en trois femaines, je rédigeai mes *Confidérations fur la théorie du monde & des êtres organifés*. J'ai dit que j'étois loin d'adopter tous les principes du Docteur Mefmer; dans cet Ouvrage je ne parlai que d'après les miens; mais par une générofité bien rare, & dont il n'y a peut-être pas d'exemple, je les donnai au Public comme s'ils avoient appartenu au Docteur Mefmer. Je lui fis de plus honneur de toutes mes idées, de celles même qui n'avoient qu'un rapport très-éloigné avec fa découverte, &, par-tout je ne me montrai que comme fon interpréte.

On m'a dit, & j'ai des preuves que mon Ouvrage a été singulièrement remarqué par les
gens de lettres; on n'apprendra pas peut-être
sans étonnement, qu'il n'a eu de détracteurs
que parmi les Eléves du Docteur Mesmer, qu'à
l'exception d'un petit nombre, dont le suffrage
au reste pouvoit suffire à mon orgueil, la plupart se sont attachés à le décrier, & qu'il
étoit convenu entr'eux de répandre dans le
monde, qu'en le publiant, j'avois fait à la
cause dont j'avois entrepris la défense, un
tort irréparable. Ce qui surprendra davantage,
c'est que le Docteur Mesmer avoit accrédité,
plus que personne, cette dernière opinion. Je
voulois assurer son triomphe par cet Ouvrage,
je n'eusse pas réussi, qu'il lui convenoit de
parler autrement, & qu'il me semble qu'il me
devoit encore quelque reconnoissance.

Quoi qu'il en soit, de l'opinion du Docteur
Mesmer & de ses Eléves, il est trs-certain que
mon ouvrage n'a pas peu contribué à sa réputation, & que paroissant après les excellens écrits
de MM. Servant, Bonnefoi & Fournel (1), il
n'a fait que rendre plus profonde l'impression
que ceux-là avoient produite.

Je reviens sur mon récit. Il me semble maintenant que si l'on réfléchit sur les faits qui le
composent, on conviendra que je me suis occupé avec quelque zèle, quelque persévé-

(1) *Douies d'un Provincial* de M. Servan: *Analyse du
Rapport des Commissaires*, de M. Bonnefoi; *Remontrances
des Malades*, de M. Fournel.

rance, & même quelque fuccès; de la fortune & de la gloire du Docteur Mefmer. Il me femble que l'on conviendra que je n'ai manqué ni de prudence, ni d'adreffe, ni de fermeté dans les circonftances difficiles où il s'eft trouvé. Il me femble enfin qu'en travaillant pour lui, on a du remarquer que je n'ai véritablement travaillé que pour lui; qu'on ne peut pas m'imputer d'avoir fongé à moi un feul inftant; que, comme les autres, & fans vouloir en être diftingué, j'ai acquis fa découverte au prix de 2,400 livres que j'avois déterminé (1); qu'elle m'a même coûté plus qu'à tout autre; attendû, indépendamment de mes 2,400 livres, les dépenfes d'argent, & de plus, les dépenfes de temps que j'ai été obligé de faire, d'abord, pour en obtenir la révélation, enfuite, pour en déterminer la théorie; enfin, pour la défendre. Eh bien !

Voilà tous mes forfaits; en voici le falaire.

Dans le courant du mois de Juillet 1784, la fociété avoit tenu une affemblée, & nomma fix Syndics pour adminiftrer toutes fes affaires pendant les mois d'Août, Septembre, Octobre, Novembre, & même au-delà, s'il en étoit befoin, & fi les circonftances le demandoient;

_____

(1) Quittance du Docteur Mefmer : « Je reconnois avoir » reçu de M. Nicolas de Bergaffe, la fomme de deux mille » quatre cents livres pour le montant de la *Soufcription*, » pour devenir mon Eléve dans la découverte du Magné- » tifme-Animal: à Paris, ce 13 Décembre 1783. Signé, Mef- » mer ». Tous les Eléves du Docteur Mefmer, qui lui ont payé cent louis, doivent avoir reçu des quittances pareilles.

elle avoit de plus chargé ces Syndics de rédiger un
réglement, tant pour elle, que pour les sociétés
de Province, qui correspondoient avec elle,
réglement qui devoit avoir spécialement pour
objet de déterminer la manière la plus utile de
faire jouir l'Humanité, de la découverte du
Magnétisme-Animal.

Les Syndics ne purent s'assembler pour travailler aux réglemens demandés, qu'au mois
de Novembre. Le rapport des Commissaires
sur le Magnétisme, avoit paru, autant que
je m'en rappelle, dans le courant du mois
d'Août; & il étoit résulté de ce rapport, pour
les Syndics une suite d'affaires très-embarrassan-
tes, qui, jusques au mois de Novembre, ne
leur avoient pas permis de s'occuper de rien
de ce qui pouvoit concerner la police intérieure
de la société.

Enfin, le moment de s'occuper de cette police arriva. Avant tout, il falloit fixer les droits
respectifs de la société & du Docteur Mesmer.
A la forme de la soufcription ouverte à son
profit, le Docteur Mesmer avoit désiré, pour
rendre sa découverte publique, qu'on lui assu-
rât, comme on l'a vu, une somme de 240,000 l.
ou 24,000 liv. de rentes viagères. On savoit
que le Docteur Mesmer avoit touché environ
100,000 livres de plus que ce qui lui avoit été
promis dans le principe (1). Le Docteur Mesmer étoit donc absolument désintéressé : la
société qui avoit recueilli sa découverte, &

_____

(1) Le Docteur Mesmer a touché plus de ;40,000 liv.

sur-tout

fur-tout les fondateurs de cette fociété, ceux qui avoient fpécialement traité avec lui au nom de l'Humanité, pouvoient donc fe croire propriétaires d'une chofe qu'ils avoient furpayée.

D'après cette, idée, le Comité défira que le Docteur Mefmer donnât fon confentement aux arrêtés fuivans.

1°. A ce qu'il fût déclaré que la foufcription ouverte à fon profit étoit remplie.

2°. A ce qu'il fût permis à tous les Médecins qui lui avoient payé cent louis pour acquérir la connoiffance de fa découverte, de fe rembourfer de cette fomme fur des Cours de Magnétifme, qu'ils feroient autorifés à faire, foit à Paris, foit dans les Provinces. Plufieurs Médecins n'avoient pas attendu le confentement du Docteur Mefmer pour ce rembourfement, felon moi, très-légitime; & le Comité penfoit, avec quelque raifon, qu'on avoit eu tort de demander de l'argent aux gens de l'art pour les mettre dans le cas d'être utiles.

3°. A ce que le Comité demeurât autorifé à pourvoir, de la meilleure manière poffible, au rembourfement des Médecins qui, foit à Paris, foit dans les Provinces, fe trouvoient dans des circonftances à ne pouvoir faire des Cours de Magnétifme.

4°. A ce que le Docteur Mefmer & les Médecins étant défintéreffés on n'exigeât plus de quelque perfonne que ce fut, pour l'inftruire dans la Doctrine du Magnétifme, d'autre contribution que les contributions néceffaires pour les dépenfes communes de la fociété.

C

5°. A ce que la foufcription ouverte au profit du Docteur Mefmer étant remplie, la fociété fût reconnue propriétaire de la découverte du Magnétifme, & à ce que les réglemens fuffent rédigés en conféquence de fon droit de propriété.

Le Docteur Mefmer ne voulut adopter aucun de ces arrêtés. Deux motifs déterminèrent fon refus. Le Docteur Mefmer avoit bien reçu cent mille livres au-delà du prix déterminé de la foufcription ; mais dans l'efpace d'un an, il avoit fait des dépenfes fecrettes confidérables (1) qui avoient réduit cette fomme de cent mille livres à très-peu de chofe, & il lui importoit de ne pas fe priver des moyens de recouvrer ce qu'il avoit perdu.

De plus, le Docteur Mefmer méditoit de fe rendre en Angleterre, où il fe propofoit de vendre de nouveau, fous le voile du myftère, fa découverte acquife par nous, non-feulement à la France, mais à l'Humanité entière. Or, il lui étoit impoffible d'exécuter fon projet s'il reconnoiffoit dans la fociété le droit de difpofer du Magnétifme comme elle le trouveroit convenable.

Guidé par de tels motifs, le Docteur Mefmer commença par déclarer qu'il entendoit que l'on continuât à demander, comme par le paffé, aux Elèves qui feroient reçus dans la fociété de Paris, une fomme de cent louis ; puis, fur ce qu'on lui repréfenta que la chofe étoit im-

---

(1) Je prie qu'on ne me faffe pas parler fur ces dépenfes.

poffible, il fe réduifit à cinquante louis ; enfin, à vingt-cinq; &, de plus, il voulut qu'on
exigeât des fommes proportionnées, des Elèves
qu'on feroit dans les Provinces. La moitié de
ces fommes devoit lui appartenir, l'autre moitié, d'après une idée que j'avois propofée autrefois, & qu'on avoit heureufement exécutée
dans quelques villes de Province, devoit être
employée à des établiffemens de bienfaifance
en faveur des pauvres.

Le Comité tint ferme & rejetta la propofition du Docteur Mefmer; celui-ci infifta. Pouffé
jufques dans fes derniers retranchemens, il repréfenta que le Gouvernement lui avoit promis autrefois trente mille livres de rentes viagères pour la publication de fa découverte;
qu'il n'avoit pas ces trente mille livres de
rentes viagères, & que jufqu'à ce qu'elles lui
fuffent acquifes, il fe croyoit en droit de former des Elèves à prix d'argent. « Eh bien, dit
» alors M. le Comte de Puifégur, nous n'exa-
» minerons pas fi le capital que vous avez reçu
» n'eft pas plus que fuffifant pour vous com-
» pletter une rente viagère de trente mille liv.
» Vous êtes ici au milieu de vos amis & de
» vos défenfeurs; dites-nous ce qui vous man-
» que encore pour compléter vos trente mille
» livres; nous allons nous occuper des moyens
» de vous les parfaire, mais laiffez-nous le
» choix de ces moyens; mais plus d'Elèves
» à prix d'argent ; mais que l'engagement
» que nous avons contracté en votre nom
» & au nôtre foit rempli, que le Public foit
» éclairé fur le mérite & l'ufage de votre

» découverte , & que des hommes qui croyent
» être lés bienfaiteurs de l'Humanité , ne
» jouent pas , à côté de vous , le rôle peu
» honorable de vos gens d'affaires & d'exa-
» éteurs du genre humain ».

Ces réflexions, auffi fages que généreufes ,
furent applaudies. On ne balança point ; on
feignit de croire que le Docteur Mefmer n'a-
voit pas reçu plus de 240,000 livres , & le
Comité lui propofa un fupplément de vingt
mille écus. Il accepta le fupplément , il parut
même content de la détermination du comité
& l'on crut qu'on s'accorderoit facilement avec
lui fur tous les autres objets qui reftoient à
traiter pour parvenir à la confection des Réglemens.

On fe trompa. Le Docteur Mefmer avoit paru
content , & il ne l'étoit pas. Il auroit accepté
les vingt-mille écus propofés , avec fatisfaction ,
s'il n'avoit pas vu dans le comité la réfolution
irrévocablement prife, de faire jouir le plutôt
& le plus univerfellement poffible , l'humanité ,
des avantages qui pouvoient réfulter de fa découverte ; mais cette réfolution contrarioit fes
vues fur l'Angleterre, & il fubordonnoit tout à
ces vues.

En conféquence , il ne négligea rien pour
retarder & même pour rendre nulles les intentions & l'activité du comité & d'abord il lui fit
propofer de fufpendre toute inftruction dans la
Doctrine du Magnétifme pendant un an , fous
le frivole prétexte que les perfonnes qui
avoient été inftruites jufqu'alors dans cette Do-

Arine, ne l'étoient pas suffisamment, & qu'il falloit employer cet espace de temps pour les perfectionner dans la théorie & la pratique du Magnétisme. Un tel piége étoit trop grossier, pour que le comité s'y laissa prendre. Quelle autorité pouvoit contraindre les Eléves du Docteur Mesmer à retourner de nouveau à son Ecole, pour se faire instruire encore une fois dans une Doctrine qu'ils croyoient savoir, ou bien qu'ils n'avoient pas le temps d'approfondir? Le comité ne vit dans une proposition de cette espéce que le dessein formé par le Docteur Mesmer, d'arrêter les progrès du Magnétisme en France, & même, s'il étoit possible, de l'anéantir, afin de le présenter avec plus de sûreté comme une Doctrine encore secrette, en Angleterre; il se rappella que le Docteur Mesmer avoit déjà eu la même intention à l'apparition du Rapport des Commissaires, & il refusa hautement d'acquiescer à sa demande.

Le Docteur Mesmer ayant échoué dans cette première prétention, en imagina une seconde. Il dit que les pouvoirs du comité étoient expirés, attendû que la société ne l'avoit nommé que pour quatre mois, & en même-temps ayant réuni autour de lui un grand nombre d'Eléves qu'il venoit de faire, & qui la plupart n'ayant rien payé pour être instruits, lui étoient à cause de cela totalement dévoués, il médita de former une assemblée d'hommes à son choix, qui éliroit d'autres Syndics plus favorables à ses nouveaux projets de fortune, que ceux avec lesquels il avoit été contraint de traiter jusqu'alors. Le comité, qui pénétra son dessein, répli-

qua qu'il étoit faux que ses pouvoirs fussent expirés ; que, sur la représentation de M. d'Eprémesnil, l'un de ses membres, qui avoit observé
lorsqu'on l'avoit nommé Syndic, qu'il lui étoit
impossible de travailler aux Réglemens & de
s'occuper de la police intérieure de la société
dans les mois d'Août, Septembre, Octobre &
Novembre, il avoit été expressément convenu
que le comité conserveroit ses pouvoirs, tant
qu'il le croiroit nécessaire pour déterminer le
régime de la société, & qu'on s'en rapporteroit
sur ce point absolument à sa sagesse. Le comité
déclara néanmoins qu'il étoit prêt à rendre
compte de sa conduite, dans une assemblée
composée seulement des personnes qui avoient
traité dans le principe avec le Docteur Mesmer, & qui se mettant au nombre de ses Souscripteurs, avoient essentiellement contribué à
sa fortune : mais il ajouta qu'en rendant
compte de sa conduite, & en se dépouillant de
ses pouvoirs, il n'entendoit pas se désister du
droit bien acquis à tout membre de la société,
de forcer le Docteur Mesmer à remplir ses engagemens, en publiant sa découverte.

Alors le Docteur Mesmer changea tout-à-fait
de plan & de langage. Voyant qu'on se prévaloit toujours contre lui de la souscription ouverte à son profit, souscription qui, au terme
de mon Prospectus, je ne saurois trop le répéter, n'avoit pour objet que de le mettre dans
une situation où il put, sans inconvénient pour
lui-même, *rendre sa découverte publique* ; voyant
ensuite, qu'on lui rappelloit sans cesse ses engagemens envers la société, il prit le parti de

récuser la soufcription & de nier l'exiftence
de la Société. Il récufa la foufcription, fous le
prétexte mal-honnête qu'il n'en avoit pas figné
le *Profpectus* ; il nia l'exiftence de la Société,
fans en apporter de raifon, & tout fimplement
parce qu'il lui convenoit qu'elle n'exiftât pas. D'a-
près cet étrange fyftême, il foutint qu'il n'y avoit,
entre lui & fes Eléves, d'autre engagement que
les actes individuels dont j'ai parlé ; qu'à la forme
de ces actes, ils étoient perpétuellement obligés
au fecret envers lui ; qu'à la forme de ces actes,
ils ne pouvoient donc pas lui faire la loi ; qu'à
lui feul appartenoit le droit de leur donner des
réglemens ; & , en conféquence, il envoya
des réglemens tout rédigés au Comité, en
lui enjoignant de déclarer, à fa première affemblée, s'il entendoit les rejetter ou les approuver.

Il faut le dire ici ; le Docteur Mefmer n'a-
voit pas imaginé feul les tournures infidieufes,
& les démarches imprudentes dont je viens
de rendre compte. Il avoit auprès de lui un
homme que je veux bien ne pas caractérifer ici,
mais un de ces hommes nés avec une phyfionomie tellement malheureufe que la Nature
n'y a placé aucun mufcle pour exprimer les
mouvemens d'une ame franche, douce & fen-
fible. Cet homme, à phyfionomie malheureufe,
s'étoit affocié quatre perfonnages, d'une efpéce
à peu près femblable à la fienne, gens
conftitués comme lui pour les intrigues four-
des, les projets noirs, pour tous les détails
de la haine qui veut nuire, de la mauvaife-foi
qui veut tromper, de la calomnie qui fouille

toutes les vertus, & tourmente tous les talens. Ces cinq honnêtes-gens avoient dit au Docteur Meſmer :

« Vous n'avez rien à craindre du Comité : il
» eſt compoſé des perſonnes qui ſe ſont le plus
» eſſentiellement occupées de votre fortune &
» de votre gloire. Toutes ces perſonnes ont dit,&
» quelques-unes ont imprimé, dans des ouvrages
» bien connus, que vous êtes un homme déſ-
» intéreſſé, généreux, ami de vos ſemblables.
» Il leur importoit, en effet, de vous donner un
» grand caractère moral, & ce n'étoit guères
» qu'ainſi qu'ils pouvoient acquérir des parti-
» ſans à votre Découverte. Aujourd'hui, ils ſe
» ſont trop avancés pour ſe rétracter : quoi
» que vous faſſiez, ils ſeront donc forcés de
» garder le ſilence. Il y a plus; il ſera peut-être
» poſſible de les jetter dans des circonſtances
» telles que nous puiſſions les calomnier tout à
» notre aiſe, les dépouiller de la réputation ho-
» norable qu'ils ont méritée, & vous déli-
» vrer pour jamais de la reconnoiſſance qu'on
» penſe un peu trop généralement que vous
» leur devez ».

Vous qui liſez ceci, que penſez-vous des hommes qui ont pû tenir ce langage?

Le nouveau ſyſtême du Docteur Meſmer in- digna vivement le Comité. Il avoit actuelle- ment ſous les yeux plus de deux-cents lettres écrites poſtérieurement à l'époque où les pre- miers fondateurs de la ſociété avoient déter- miné la nature des engagemens individuels, dont ſe prévaloit le Docteur Meſmer. Dans ces lettres, le Docteur Meſmer répétoit ſans ceſſe

*qu'il exiſtoit autour de lui une ſociété dépoſitaire
de ſa Doctrine, ſans le concours de laquelle il ne
pouvoit recevoir aucun Elève; que perſonne n'étoit
admis daus cette ſociété ſans payer auparavant le
prix de la Souſcription ; qu'il n'avoit pas le droit
de diſpenſer de cette conditio n, que la ſociété ſur
ce point avoit enchaîné ſa liberté, &c.* On trouvera des extraits de ces lettres à la fin du préſent Ecrit.

Le Comité s'étoit de plus fait repréſenter le
Mémoire rédigé contre le Docteur d'Eſlon,
dont j'ai parlé plus haut, Mémoire envoyé par
le Docteur Meſmer à M. le Baron de Bréteuil
& à M. Franklin, à l'époque de la nomination
des Commiſſaires pour l'examen du Magné-
time, Mémoire conféquemment poſtérieur encore de beaucoup à la détermination des engagemens individuels. Or le Docteur d'Eſlon
ayant dit dans le *Journal de Paris* qu'il ne s'é-
toit réconcilié avec le Docteur Meſmer, qu'à
condition que celui-ci renonceroit à ma Souſcription , que le Docteur d'Eſlon appelloit
Monſtrueuſe, le Docteur Meſmer, dans ſon Mémoire, déclaroit de la manière la plus ſolem-
nelle , & diſoit, à pluſieurs repriſes, *que le
Docteur d'Eſlon en impoſoit au Public , que
jamais il n'avoit renoncé à ma Souſcription* , &
il s'efforçoit de prouver en effet qu'il n'y
avoit pas renoncé. On trouvera pareillement
un extrait de ce Mémoire à la fin du préſent
écrit.

Comment après cela le Docteur Meſmer pouvoit-il dire qu'il n'étoit pas engagé par la Souſcription , parce qu'il n'en avoit pas ſigné le

Prospectus ? Comment pouvoit-il nier l'existence d'une Société formée autour de lui pour
recueillir sa Découverte ? Et qu'étoit-ce, dans
cette hypothèse que le Docteur Mesmer ? Qu'é-
toit-ce qu'un homme qui, se jouant de la confiance qu'on lui avoit témoignée, finissoit par
s'élever contre ses propres aveux publiquement
faits, il y a plus, contre sa signature deux cents
fois répétée ?

Quant aux réglemens présentés au Comité
par le Docteur Mesmer, le Comité les rejetta,
& cela par deux raisons; la première, parce
que le Docteur Mesmer n'avoit pas le droit
de faire des réglemens; la seconde, parce que
les réglemens qu'il proposoit ne pouvoient être
admis ni par des gens raisonnables, ni par des
gens d'honneur : & voici pourquoi ils étoient
inadmissibles.

D'abord à la forme de ces réglemens, il n'é-
toit permis à aucun des Eléves du Docteur
Mesmer de rien changer à l'enseignement de
sa Doctrine, sans l'en prévenir, & il se réser-
voit la faculté d'ajouter des supplémens (tant
& si long-temps qu'il le jugeroit à propos)
à de nouveaux cahiers qu'il venoit de faire
rédiger sur cette même Doctrine. Or, tous les
Membres du Comité, sans exception, regar-
doient la découverte du Magnétisme-Animal
apportée en France par le Docteur Mesmer,
comme très-importante & très-utile; mais ils
étoient loin de penser que la théorie du Docteur Mesmer, que ce qu'il appelloit *sa Doctrine*, fut vrai dans tous ses détails : ils ne
pouvoient donc pas, sans se manquer à eux-
mêmes,

mêmes, adopter une claufe qui tendoit à perpétuer les erreurs dont, à leur avis, la Doctrine du Docteur Mefmer étoit infectée. De plus, le Docteur Mefmer fe réfervant par cette claufe la faculté d'ajouter fans cefse à fa Doctrine, & nul ne pouvant y rien changer fans fon concours & fon confentement, il fe trouvoit que perfonne ne pouvoit penfer fur le Magnétifme fans lui apporter en tribut fa penfée, qu'il eût rejetée fans doute, s'il l'eût trouvé mauvaife; mais dont il fe fut emparé, comme de fa propriété, s'il l'eût trouvé bonne. Ainfi, parce qu'on peut tout rapporter au Magnétifme dans la nature, un homme de génie qui auroit eu le malheur d'être compté au nombre des Elèves du Docteur Mefmer, auroit été irrévocablement condamné à ne plus méditer qu'à fon profit fur la théorie du monde & de l'homme. Un Defpotifme d'une efpéce fi nouvelle pouvoit convenir à des imbécilles; mais des perfonnes douées de quelque fens devoient-elles s'y foumettre?

En fecond lieu, à la forme de ces réglemens, le Docteur Mefmer abandonnant enfin toute efpéce de rétribution en France, confentoit que fes Eléves y inftruififfent gratuitement de fa Doctrine, tous ceux, *les Étrangers exceptés*, qui feroient trouvés capables d'en acquérir la connoiffance; mais il leur enjoignoit en même-temps de ne former aucun Difciple, fans lui avoir fait donner par écrit fa parole d'honneur, qu'il ne rendroit pas publique la Doctrine qui lui feroit révélée, & qu'il n'inftruiroit à fon tour qui que ce fût, qu'après

avoir exigé un serment d'honneur pareil à celui qu'il avoit fait. Or, deux motifs très-graves
déterminoient à rejeter cette seconde clause.

Le premier motif résultoit de ce que le Docteur Mesmer ayant reçu beaucoup au-delà de
la souscription ouverte à son profit pour obtenir la publicité de sa découverte, il ne pouvoit plus la tenir secrette sans manquer à ce qu'il
avoit promis, il ne pouvoit plus contraindre
ses Eléves à la tenir secrete, sans les rendre
complices de sa mauvaise foi.

Le second motif résultoit d'un fait dont il
faut rendre compte. Un Médecin avoit publié
& mis en vente, chez M. Quinquet, Apothi-
caire, sous le nom d'*Aphorismes de M. Mesmer*,
toute la Doctrine du Docteur Mesmer, telle,
si l'on en ôte quelques détails inutiles, qu'il
l'avoit dictée à ses premiers Eléves; & telle,
à peu de chose près, qu'il l'enseigne encore
aujourd'hui. Les Membres du Comité n'avoient
pas d'abord lu ces Aphorismes, & le Docteur
Mesmer leur ayant dit que sa Doctrine y étoit
mutilée d'une étrange manière, sur sa parole,
on avoit rédigé & publié une lettre pour
les désavouer. Depuis on avoit lu les Aphorismes, & il s'étoit trouvé qu'effectivement la
Doctrine du Docteur Mesmer y étoit contenue. Par le fait, la Doctrine du Docteur Mesmer étoit donc publique. Vouloir contraindre
le Comité à donner son approbation à des réglemens qui faisoient envisager cette Doctrine
comme encore secrette, c'étoit donc vouloir
que des gens honnêtes, pour concourir aux

vues ambitieufes du Docteur Mefmer, fe ren-
diffent coupables d'un menfonge impertinent.

Par toutes ces confidérations, le Comité
rejetta les réglemens du Docteur Mefmer. En
même-temps M. d'Eprémenefnil, que le Comité, en vertu de fes pouvoirs, avoit chargé
d'en rédiger d'autres, ayant annoncé que fon
travail étoit fini, il fut pris jour pour l'entendre.

La difcuffion fur l'article des réglemens avoit
été longue entre le Docteur Mefmer & le Comité.
Durant le cours de cette difcuffion, on eft loin
de foupçonner la manière dont le Docteur Mefmer avoit employé fon temps.

Toûjours aidé dans fes projets par les cinq
perfonnages dont j'ai parlé plus haut, il avoit
imaginé de préparer fourdement une affemblée
générale de la fociété, des fuffrages de laquelle
il feroit fûr, & où il feroit profcrire le Comité importun, qui ne vouloit, à aucun prix,
devenir le miniftre d'une Doctrine oculte & qui
s'oppofoit ainfi au progrès de fa fortune.

En conféquence, il avoit convoqué chez lui
fes Eléves, douze par douze. Là un de fes cinq
confidens, après l'avoir repréfenté en peu de
mots comme un homme perfécuté par ceux-là
mêmes qui l'avoient le mieux défendu jufqu'a-
lors, après avoir déclamé contre le comité,
qu'il montroit comme voulant envahir la liberté de la fociété, propofoit la lecture des réglemens ; faifoit remarquer qu'à la forme de
ces réglemens, le Docteur Mefmer fe dépouil-
loit de tout ce dont il pouvoit fe dépouiller ;
qu'à la forme de ces réglemens, il affranchif-
foit fes Eléves, des engagemens rigoureux qu'ils

avoient contracté précédemment avec lui; qu'à la forme de ces réglemens, s'il ne leur permettoit pas de publier sa Doctrine, *parce que le bien même de cette Doctrine exigeoit qu'elle fut encore secrette*, cependant il leur laissoit la plus grande liberté d'instruire les personnes qui leur conviendroient; après ce préambule on les invitoit à ne pas imiter le comité, dans le parti qu'il avoit pris, & on leur proposoit de signer ce qu'on venoit de leur lire. Beaucoup d'Eléves ont été trompés par ce manége adroit; &, en peu de temps, le Docteue Mesmer a eu un assez grand nombre de signatures pour être certain de la pluralité des suffrages à la première assemblée qu'il jugeroit à propos de convoquer.

Cependant le comité avoit entendu la lecture des réglemens de M. d'Eprémesnil, & il avoit décidé que, remplissant mieux que ceux du Docteur Mesmer l'objet que s'étoient proposé les fondateurs de la société en l'instituant, ils seroient présentés de la part & au nom du comité, à la société légitimement assemblée, pour recevoir sa sanction.

Avant tout, on crut devoir épuiser les égards avec le Docteur Mesmer, & il fut arrêté que M. d'Eprémesnil, avec deux des membres les plus distingués de la société, M. le Duc de *** & M le Marquis de ***, qui en seroient priés spécialement, se rendroit chez le Docteur Mesmer, pour l'engager à se désister de ses prétentions extravagantes, & à donner son approbation aux réglemens du comité.

M. le Duc de *** & M. le Marquis de ***, voulurent bien accompagner M. d'Eprémesnil, chez le Docteur Mesmer. Là on lut les réglemens du comité. Le Docteur Mesmer les trouva bons, à quelques articles près, qui contrarioient son projet sur l'Angleterre. M. d'Eprémesnil, par excès de condescendance, lui promit qu'il s'occuperoit avec le comité, d'arranger les choses de manière à ne pas nuire à ses nouvelles espérances de fortune; mais il insista toujours sur le droit qu'avoit la société de publier sa découverte, droit d'ailleurs qu'il étoit ridicule de lui contester, maintenant que la découverte étoit publique.

Bref, M. d'Eprémesnil quitta le Docteur Mesmer, comptant sur une réconciliation prochaine, & il vint annoncer au comité qu'il étoit persuadé que dans peu la paix seroit rétablie dans le sein de la société. Quelques personnes qui connoissoient un peu mieux que M. d'Eprémesnil le caractère du Docteur Mesmer, pensèrent autrement, & elles ne se trompèrent pas.

A peine, M. d'Eprémesnil étoit-il sorti de chez le Docteur Mesmer, que les cinq conjurés y arrivèrent; en un instant, tout fut bouleversé. Ils représentèrent au Docteur Mesmer, qu'il en avoit trop fait pour reculer; qu'il étoit certain de la pluralité des suffrages par le succès de la manœuvre qu'ils avoient employée pour la lui assurer; qu'il falloit donc convoquer une assemblée; qu'à cette assemblée n'assisteroit vraisemblablement aucune des personnes, qui avoient fondé la société, & qui avoient été témoins des premiers engagemens du Docteur Mesmer avec elle; qu'on n'y verroit pas non

plus ceux qui avoient refufé de figner les réglemens ; qu'on n'y verroit pas également ceux
qui ayant appris qu'ils avoient été trompés, ne
pouvoient y paroître que pour revenir fur leur
fignature furprife, & fe livrer ainfi à des dif-
cuffions défagréables ; que l'affemblée ne feroit
donc compofée que de fes nouveaux Eléves,
gens qui n'avoient à peu prés contribué en rien
à fa fortune, & qui à caufe de cela n'oferoient
lui faire la loi & fe trouveroient tous dif-
pofés à s'abandonner aux mouvemens de fa
volonté.

Ils ajoutèrent que les perfonnes qui compo-
foient le comité, fe reffouvenant toujours
qu'elles étoient les auteurs de fa fortune & de
fa gloire, ne fouffriroient pas impunément que
de nouveaux venus ofaffent devenir leurs juges ;
qu'ils s'oppoferoient donc infailliblement aux
délibérations de l'affemblée, & qu'alors le moment étoit arrivé de les expulfer du fein de la
fociété, de les dénoncer au Public, comme
manquant à tous leurs engagemens ; & non-
feulement de s'affranchir envers eux d'une re-
connoiffance devenue trop pénible, mais de les
calomnier affez pour que, fi la découverte du
Magnétifme devoit opérer dans quelques parties
du fyftême de nos connoiffances une révolution utile à l'Humanité, ils ne fuffent comptés
parmi les hommes qui avoient opéré cette révolution que de manière à ce qu'il n'en réfultât
pour eux qu'une renommée honteufe.

De telles raifons devoient perfuader le Docteur Mefmer ; il n'héfita pas à les adopter ; en
conféquence, le lendemain, les membres du comité

mité reçurent des billets d'invitation, pour af-
fifter à une affemblée générale de la fociété
convoquée au nom du Docteur Mefmer feulement, *affemblée*, étoit-il dit dans les billets, où
il devoit être queftion de prononcer fur les
réglemens rédigés par lui & déjà propofés à fes
Eléves.

Le Comité, étonné d'une telle invitation, pro-
tefta par un arrêté, qui fut imprimé dans le
jour, contre la tenue de l'affemblée. Et néanmoins fuppofant que les nouveaux-venus, que
le Docteur Mefmer avoit réunis autour de lui,
ne connoiffoient pas leurs droits & n'étoient pas
inftruits de ceux de la fociété, il crut devoir
faire encore une démarche propre à prévenir
les excès auxquels le Docteur Mefmer paroiffoit déterminé à fe porter contre fes Bienfaiteurs. Il invita M. d'Eprémefnil à fe rendre à
l'affemblée, pour inftruire ceux qui la compo-
foient, de ce qui s'étoit paffé entre le Comité
& le Docteur Mefmer; M. le Comte d'Avaux
& moi, nous fumes en même temps priés d'accompagner M. d'Eprémefnil, & l'on convint
que, fi-tôt que M. d'Eprémefnil auroit ceffé de
parler, nous nous retirerions tous les trois,
pour ne pas autorifer par notre préfence, des
délibérations dont nous prévoyions l'iffue, &
que nous ne pouvions adopter. Je dois dire ici
qu'on m'avoit choifi pour accompagner M. d'E-
prémefnil, parce qu'on avoit penfé que ma
préfence rappelleroit le Docteur Mefmer à des
idées plus honnêtes, que celles qu'on lui avoit
fait adopter, & qu'ayant devant les yeux l'homme
auquel il devoit le plus, il interrogeroit tout bas

D

sa conscience, & craindroit de manquer à cet homme. On ne se ressouvenoit pas de cette maxime de Tacite, malheureusement trop vraie. *Beneficia eò usquè læta sunt dùm exsolvi possunt, ubi multùm antevenere odium pariunt.*

M. d'Eprémesnil parla dans l'assemblée avec beaucoup de modération ; il persuada quelques personnes qui sortirent avec nous ; à peines fumes nous retirés, que les réglemens du Docteur Mesmer, sur lesquels on s'étoit déjà procuré les signatures de tous les votans, furent approuvés par une délibération unanime. L'assemblée, avant que de se séparer, cassa le comité, & s'ajourna à quelques jours de là, pour en nommer un autre.

Le jour de l'élection du nouveau Comité arrivé, M. d'Eprémesnil seul & sans consulter les Syndics, crut devoir faire une dernière tentative. Il se rendit à l'assemblée ; &, par la considération de tout ce qui pouvoit résulter de désavantageux des divisions actuelles, pour ceux qui s'étoient occupés avec quelque publicité du Magnétisme, il tacha de rappeller l'assemblée à des opinions plus saines que celles dans lesquelles quelques hommes malhonnêtes s'efforçoient de l'entraîner. On ne l'écouta qu'avec la plus grande impatience ; &, à peine se fut-il retiré, qu'on procéda à l'élection des nouveaux Officiers.

Ce n'est pas tout ; l'assemblée se tenoit à côté du lieu destiné aux séances du Comité. On délibéra que sur le champ le nouveau Secrétaire de la société se transporteroit dans ce lieu, & qu'à l'aide du valet du Docteur Mesmer (1), il s'empareroit de tous les papiers du comité, sans employer aucune forme, sans apeller aucun des membres de ce même comité, intéressé cependant à ce qu'on en fît tout au moins la description devant lui. La délibération fut exécutée en effet à l'instant même, au grand contentement du Docteur Mesmer & de ses *complices* : car il faut enfin donner ce nom à des hommes capables de voies de fait de cette espéce. On espéra qu'ainsi l'on pourroit supprimer toutes les traces des engagemens du Docteur Mesmer avec ses Eléves, & calomnier avec plus de sécurité les personnes qui avoient voulu le contraindre à les remplir; heureusement il est resté dans mes mains quelques titres qui suffisent aujourd'hui à l'apologie de ces personnes & à la mienne.

Enfin le Docteur Mesmer a tenu une troisiéme assemblée ; là, par une délibération bien peu honorable pour ceux qui l'ont signée, il a fait exclure tous ses Bienfaiteurs à la fois du sein de la société, comme ayant réfusé d'adopter ses Réglemens; & les nouveaux Syndics choisis par lui n'ont pas rougi de proposer que je fusse remboursé au nom de la société de la somme de cent louis que je lui avois payée pour acquérir la connoissance de sa découverte, & que de plus, on me demanda la liste des Ecrits

---

(1) Ce valet doit en grande partie sa fortune à M Kornmann & à moi. Graces aux rétributions que nous lui avions fait fixer par la société & aux petits avantages que nous lui avons procurés, il a recueilli, en glanant à la suite de son Maître, une somme d'environ vingt-mille livres.

que j'avois pu faire fur le Magnétifme animal; lefquels écrits feroient taxés à tant la feuille, comme des éciitures de Procureur, & me feroient payées en conféquence de la taxe. Un tel excès de démence, de ridicule & de fureur a cependant paru trop odieux, & le Docteur Mefmer & fes Suppots ont été obligés de retier le ur propofition.

J'abrége. On imagine bien que le comité deftitué par les affemblées illégales du Docteur Mefmer, n'a pas cru devoir confentir à fa deftitution ; qu'il n'a pas ceffé de fe confidérer comme repréfentant la fociété qui lui avoit confié l'exercice de fon autorité, & fur-tout comme repréfentant les fondateurs de la fociété, dont il ne pouvoit, fans une forte de prévarication, abandonner les droits (1).

D'après cela il a continué à tenir fes féances comme à l'ordinaire, & a convoqué, en vertu de fes pouvoirs, une affemblée légale de la fociété. Dans cette affemblée il a expofé tout ce qui s'étoit paffé entre le Docteur Mefmer & lui, la manière odieufe, dont celui-ci venoit d'en agir avec les perfonnes auxquelles il devoit le plus, les motifs de cette conduite

---

(1) On fe doute affez que le Comité, compofé de gens très-peu enthoufiaftes, ne mettoit pas un grand intérêt à fe maintenir dans l'exercice de fes fonctions ; mais il prévoyoit un fyftême de diffamation, dont il lui paroiffoit prudent de fe garantir, ou un fyftême de fervitude, auquel il trouvoit abfurde de fe foumettre : de plus, il vouloit abfolument que la découverte du Magnétifme, dont on parloit fi diverfement, fût enfin dans les mains de tout le monde, & que chacun pût en juger à fa fantaifie.

indécente. Ensuite un de ses membres a fait
lecture des réglemens que M. d'Eprémesnil
avoit rédigés. L'assemblée a donné des éloges à la
conduite du comité ; & , avant que d'approuver
définitivement ses réglemens , elle a nommé des
Commissaires pour les examiner. D'après les observations des Commissaires, ils ont été réfor-
més en quelques points , & enfin unanimement
approuvés.

Les réglemens approuvés , le comité s'est
démis de ses pouvoirs, & il a été procédé à
l'élection d'un nouveau comité plus nombreux
que le premier , & dont les membres ont été
choisis parmi les personnes les plus distinguées
de la société par leur prudence & leurs lumières ; en même temps il a été arrêté qu'il
seroit fait incessamment des conférences sur le
Magnétisme, pour acquiter, autant qu'il étoit
possible dans les circonstances où l'on se trouvoit , l'engagement du Docteur Mesmer envers
le Public; que les personnes de l'un & de l'autre
sexes seroient admises à ces conférences , &
qu'on n'assujetiroit au secret en aucune façon
ceux qu'on croiroit devoir y admettre.

M. le Comte d'Avaux & moi nous avons commencé les conférences ; M. d'Eprémesnil les a
continuées ; je les ai reprises. Voici peut-être
le plus grand grief du Docteur Mesmer contre
moi & celui dont il parle le moins. On savoit,
comme je l'ai dit plus haut , que si j'estimois
la découverte qu'il nous avoit apportée , je faisoit très-peu de cas de sa Doctrine. Dans mon
Ouvrage intitulé *Considérations sur la Théorie du
Monde & des Etres organisés*, en célébrant avec

le plus grand éclat & la plus grande franchife,
le génie que fuppofe dans fon inventeur, la
découverte du Magnétifme-Animal, je m'étois
déja, comme on l'a vu également, écarté entièrement de fes principes. Enfin, dégagé de tous
mes liens, & libre de toute entrave, dans mes
dernières conférences fur le Magnétifme, je
fuis allé beaucoup plus loin. Sans nommer le
Docteur Mefmer, j'ai renverfé toutes les bafes
de fon fyftême, & j'ai élevé fur les ruines de
ce fyftême un édifice, je crois, beaucoup plus
vafte & plus folidement conftruit que celui dont
fes premiers Eléves ont payés fi chérement
les matériaux. Il paroît qu'on a été frappé de
de l'enfemble, de la nouveauté & de la hardieffe de mes idées, & qu'elles ont été affez
généralement préférées à celles du Docteur
Mefmer. Or on juge bien que celui-ci n'a pas
du me pardonner un tel fuccès, & que, me haïf-
fant déjà comme fon bienfaiteur, il a du me
détefter encore comme fon rival. Eh! Quel rival?
Je le demande; un homme qui, par un excès
de générofité, fûrement fans exemple, lui
avoit fait le facrifice de ce qu'on abandonne
le moins, le facrifice d'une grande partie de
fes idées, & qui eût aimé à lui faire encore ce facrifice, s'il fe fût montré moins indigne d'un pareil hommage (1).

Quoiqu'il en foit, l'homme à phyfionomie

_____

(1) Je ne me fuis jamais propofé de faire, & je n'ai jamais
fait du Magnétifme (comme on le verra dans la fuite) ma
principale occupation, & voilà pourquoi je renvoyois toujours au Docteur Mefmer toutes les idées qui dans ma tête
s'affocioient à fa découverte.

malheureufe dont j'ai parlé, & fes quatre complices ordinaires, font venus au fecours du
Docteur Mefmer. Dejà, par leurs confeils, des
procès bien fcandaleux avoient été intentés à
trois Membres du Comité, MM. le Comte de
P***, le Comte d'Avaux & Kornmann; reftoient M. d'Eprémefnil & moi, dont il falloit
auffi fe venger.

M. d'Eprémefnil ayant appris que le Docteur
Mefmer & la troupe de gens malhonnêtes, & de
gens trompés qui l'entouroient, affectoient de
répandre dans le Public, que le comité avoit
manqué à tous fes engagemens, & qu'il étoit
faux que ma foufcription fût remplie, avoit cru
devoir faire imprimer un Expofé très-fimple &
très-abrégé de la conduite du comité avec le
Docteur Mefmer, & donner à la fuite de cet
abrégé, un état des fommes verfées par les
mains du tréforier de la fociété, dans celles
du Docteur Mefmer.

Il fut convenu dans le confeil du Docteur
Mefmer, qu'on répondroit à cet expofé par
un libelle rempli d'imputations contre M. d'E-
prémefnil & contre moi, imputations de l'efpéce la plus infupportable pour des hommes
d'honneur : on arrêta, de plus, que, le Docteur
Mefmer étant prêt à partir pour l'Angleterre,
on répandroit le Libelle, fi-tôt après fon
départ, à Paris, dans les Provinces, dans l'E-
tranger, & par tout où la découverte du Magnétifme & le nom de fon Auteur avoient été
portés; comme on favoit combien ma fenfibi-
lité étoit active, impatiente, orgueilleufe même, fi l'on veut, comme on comptoit fur les

saillies impétueuses de mon caractère à la nouvelle d'une diffamation si universelle & si lâchement combinée, on espéra sûrement, ou
que je franchirois toutes les bornes de la prudence pour me venger, & alors on se pro-
mettoit bien de tirer parti des circonstances
dans lesquelles on m'auroit entraîné, ou que
ma santé, considérablement altérée par la vie
tourmentée que j'avois menée depuis trois ans, &
les tracasseries odieuses dont le Docteur Mesmer
m'avoit environné depuis six mois, ne resiste-
roit pas à cette attaque imprévue; & alors,
on procuroit au Docteur Mesmer la satisfa-
ction si douce de frapper d'un coup mortel le
sein de son bienfaiteur, & d'éteindre la mémoire de ce qu'il avoit fait dans un abysme
de calomnies.

Les choses ont été exécutées comme on les
avoit projettées. Le Docteur Mesmer est parti
pour l'Angleterre, où il existe maintenant sous
un nom supposé; &, le lendemain de son départ, le libelle rédigé dans son conseil a été
répandu à Paris dans tous les lieux publics, &
envoyé dans les Provinces & dans l'Etranger,
par tout où l'on s'occupe du Magnétisme-
Animal.

Telle est, très-en abrégé, l'histoire de mes
relations avec le Docteur Mesmer. Je le ré-
pete, j'ai écarté de mon récit beaucoup de faits
qui, même en supposant que le Magnétisme-Animal ne soit qu'une erreur, ne peuvent être
connus sans fixer sur moi l'opinion publique
d'une manière honorable. Mais ces faits qui
n'étoient pas absolument nécessaires à mon apo-

logie, compromettoient plus que je ne le voulois, la réputation du Docteur Mesmer. Il m'a paru qu'il falloit toujours voir en cet homme, qui m'a si cruellement offensé, l'homme qui est venu nous apporter une grande découverte, & que je devois moins m'occuper de me venger du mal qu'il a voulu me faire, que de prouver que j'ai mérité de sa part d'autres procédés, & le mettre hors d'état de me nuire davantage.

Maintenant je viens au Libelle du Docteur Mesmer. A quoi se réduisent toutes les imputations qu'il renferme? A cette accusation grave, sans doute que *j'ai manqué à ma parole d'honneur, en révélant, sans son aveu, sa Doctrine & sa découverte.*

Et comment le Docteur Mesmer prouve-t-il son accusation? En produisant un engagement souscrit par moi, dans lequel, sur ma parole d'honneur & sous peine de lui payer cinquante mille écus, je promets de garder le secret sur sa doctrine & sa découverte?

« Or, dit-il, sans mon aveu, & même
» contre mon aveu, vous avez instruit de
» la manière la plus publique, beaucoup de
» personnes dans la science du Magnétisme-
» Animal. Donc je puis exiger de vous que
» vous me payiez la somme de cinquante mille
» écus. Donc au moins vous avez manqué à
» votre parole d'honneur ».

D'après l'exposé des faits qu'on vient de lire, il me semble qu'on voit déjà tout ce que je peux répondre au Docteur Mesmer.

D'abord, quant aux cinquante mille écus, le Docteur Mesmer, comme je l'ai déjà dit, se prévaut d'un engagement qui ne subsiste plus entre lui & moi. Si j'ai tort, il ne doit argumenter que de l'engagement plus simple qu'a la forme de la délibération dont j'ai parlé, il étoit tenu de substituer à mon premier engagement, que d'un engagement semblable à celui qu'a souscrit M. d'Eprémesnil, & qui se trouve rapporté dans son libelle, à la suite de l'engagement dont il argumente contre moi. Or, il n'est nullement question dans l'engagement de M. d'Eprémesnil, du dédommagement de cinquante mille écus. Donc je ne lui dois pas cinquante mille écus ; & je ne lui conseille pas d'essayer de m'en faire la demande.

Ensuite, quant à la parole d'honneur, en partant de l'engagement de M. d'Eprémesnil, qui contient en effet une parole d'honneur, je soutiens que cet engagement n'a plus de valeur aujourd'hui. Je vais plus loin. Je soutiens que, quand il en auroit, je n'ai pas manqué aux obligations qu'il renferme, & je crois que j'aurai établi ma double proposition, si je prouve ;

1°. Que j'ai depuis long-tems le droit de rendre la Doctrine & la découverte du Docteur Mesmer publiques.

2°. Que je n'ai pas pu rendre la Doctrine & la découverte du Docteur Mesmer publiques.

3°. Que je n'ai pas rendu la Doctrine & la découverte du Docteur Mesmer publiques.

Je dis en premier lieu, que j'ai depuis long-temps le droit de rendre la Doctrine & la découverte du Docteur Mesmer publiques, & voici comment je raisonne sur cette première assertion.

Je suis l'auteur d'une souscription ouverte au profit du Docteur Mesmer. A la forme de cette souscription, j'avois annoncé, comme on l'a vu, que, si-tôt que le Docteur Mesmer auroit trouvé cent Souscripteurs à cent louis chacun, c'est-à-dire, que si-tôt qu'on auroit déposé dans ses mains une somme de 240,000 liv., il rendroit sa découverte publique.

Mais il y a plus d'un an que le Docteur Mesmer a reçu 240,000 liv.; il y a près d'un an qu'il en a reçu 340,000.

Donc il y a plus d'un an que le Docteur Mesmer a du rendre sa découverte publique, ou, ce qui est la même chose, que ses Eléves ont le droit de la rendre publique, s'il est démontré, qu'il n'a reçu les 340,000 liv. dont je parle, qu'après avoir formellement avoué ma souscription; qu'en conséquence de ma souscription avouée; qu'après avoir donné à ma souscription une approbation postérieure à l'engagement qu'il invoque aujourd'hui contre moi.

Sur ce dernier point on conviendra, je pense, que, s'il a donné son approbation à ma souscription postérieurement à l'engagement qu'il invoque contre moi, il a donc reconnu postérieurement à cet engagement, que, ma souscription remplie, il étoit tenu de rendre sa découverte publique, il a donc reconnu qu'aucun de ses Eléves n'étoit engagé au secret sur sa découverte, après ma souscription remplie.

Or premièrement le Docteur Mesmer a formellement avoué ma souscription. Ici je pourrois m'adreſſer aux premiers Eléves du Docteur Meſmer , & ſpécialement à M. le Bailli des Barres , à MM. de Puyſégur , au P. Gérard, &c. &c. Je pourrois leur demander ſi c'eſt contre le conſentement du Docteur Meſmer & à ſon inſçu, que mon Proſpectus a été dépoſé chez Mᵉ Margantin ; je pourrois leur demander ſi , vingt fois le jour , le Docteur Meſmer ne m'a pas preſſé de rédiger ce Proſpectus , & d'en háter le dépôt chez Mᵉ Margantin ; mais j'ai , de la main même du Docteur Meſmer , une preuve écrite qu'il a connu le Proſpectus de la ſouſcription, & les ſoumiſſions faites à la ſuite de ce Proſpec-tus ; qu'il n'a déſavoué ni celles-ci , ni celui-là ; & ma preuve écrite réſulte d'un billet adreſſé à Mᵉ Margantin , le 3 Décembre 1783, par le Doc-teur Meſmer lui-même. Au moment de la forma-tion de la ſociété , nous voulions payer dans les mains du Docteur Meſmer la ſomme de cent louis que nous avions déterminée pour prix de la ſouſcription; mais , avant que de payer cette ſomme , nous priames le Docteur Meſmer de retirer nos ſoumiſſions de chez Mᵉ Margantin , de pareils titres ne pouvant ſubſiſter après le paiement de nos cent louis ; en conſéquence le Docteur Meſmer écrivit à Mᵉ Margantin le billet ſuivant (1) : « Je prie M. Margantin de remettre » à M. Kornmann les ſouſcriptions qui ont » été faites par MM. de Beaumont, Bergaſſe , » Gentil , Bouvier , Gérard , de la Motte , le » Comte de Puyſégur & de Chaſtenet Puyſégur; » à Paris , ce 3 Décembre 1783. *Signé* MESMER.

---

(1) L'Original de ce Billet eſt dans mes mains.

Or que résulte-t-il de ce billet ? Certainement que le Docteur Mesmer savoit qu'il existoit une souscription ouverte à son profit chez Me Margantin, & que chez Me Margantin nous avions fait nos soumissions relativement à cette même souscription ? Que résulte-t-il encore de ce billet ? Certainement que le Docteur Mesmer avouoit la souscription, & qu'en ce qui concernoit la souscription, il agissoit absolument de concert avec nous. Car comment le Docteur Mesmer eut-il pu demander nos soumissions à Me Margantin, s'il n'eût pas agi de concert avec nous, si la souscription à laquelle ces soumissions se rapportent, eût été faite sans son aveu ? Et comment, si la souscription étoit faite sans son aveu, ne l'improuvoit-il pas formellement en demandant nos soumissions ? Comment, sachant que le Prospectus de cette souscription restoit déposé chez Me Margantin (& il n'y a pas quatre mois que je l'en ai retiré), comment n'a-t-il pas déclaré qu'il n'entendoit s'en prévaloir en aucun temps, & qu'un tel acte lui étoit absolument étranger ?

Secondement, le Docteur Mesmer n'a constamment agi qu'en conséquence de ma souscription, & ce fait est prouvé, si j'établis qu'il a toujours invoqué cette souscription, & que nul ne pouvoit être reçu au nombre de ses Elèves qu'il n'en eût acquitté le prix.

J'en appelle à la bonne-foi du Docteur Mesmer, au témoignage de ses premiers Eléves, de ceux de ses Eléves qui ont fait sa fortune, au témoignage de tous les les Papiers publics, de tous les Journaux qu'il n'a jamais contredits, quoiqu'il ait eu plusieurs fois la liberté d'y faire insérer ses réclamations ; osera-t-on me nier, osera-t-il me nier, que nul pendant long-temps n'a pu être reçu au nombre de ses Elèves, qu'il n'eût payé la somme énoncée très-expressément dans le Prospectus de ma souscription, la somme de 2, 400 liv.

Et si le Docteur Mesmer, en convenant qu'il a reçu pendant long-temps 2, 400 liv. de chacun de ses Eléves, rejette tous les témoignages que je lui oppose, comme lui étant absolument étrangers ; s'il soutient qu'il n'a pas reçu ces 2, 400 liv. en conséquence de ma souscription, mais uniquement parce qu'il lui a plu d'exiger cette somme de chacun de ses premiers Eléves, qu'on se donne la peine de jetter les yeux sur vingt-deux extraits de ses Lettres imprimées à la suite de cet Ecrit ? Qu'y verra-t-on ? ce que j'ai annoncé dans l'exposé des faits, & ce qu'il faut bien répéter ici, que le Docteur Mesmer déclare positivement, *qu'il exige autour de lui une Société respectable, à laquelle il a confié le dépôt de sa Doctrine, & sans le concours de laquelle il ne peut former aucun Elève ; que cette Société, plus oc-cupée de sa fortune que lui-même, n'admet qui que ce soit dans son sein qu'il n'ait payé dans les mains d'un de ses Membres le prix de la souscription ; que lui, Docteur Mesmer, n'a le droit de dispenser per-sonne de cette condition, & que sur ce point sa liberté est enchaînée.*

Et si le Docteur Mesmer, forcé d'avouer qu'il n'a reçu de chacun de ses Eléves la somme de cent louis, qu'à la forme d'une souscription, nie que cette souscription soit la mienne, que cette

fouscription foit celle qui, de fon aveu, a été
dépofée par moi chez M⁰ Margantin; qu'on fe
donne encore la peine de jetter les yeux fur
l'Extrait du Mémoire contre le Docteur d'Eflon,
qu'à l'époque de la nomination des Commiffaires
pour l'examen du Magnétifme-Animal, le Docteur Mefmer a envoyé, comme je l'ai dit , à
M. le Baron de Breteuil & à M. Franklin, Extrait
également imprimé à la fuite de cet Ecrit. Qu'y
verra-t-on? Ce que j'ai dit également, que la
fouscription dont le Docteur Mefmer s'eft toujours prévalu avec fes Eléves, *eft la foufcription*
dépofée chez M⁰ Margantin, c'eft-à-dire , ma propre foufcription; car il n'y en a pas eu d'autre
dépofée chez M⁰ Margantin au profit du Docteur
Mefmer.

Troifiémement , le Docteur Mefmer a donné
formellement, à ma foufcription, une approbation
poftérieure à l'engagement dont il fe prévaut contre moi; car mon engagement eft du mois de Décembre 1783 , & les extraits de fes lettres, que
je produis, font de l'année 1784, & le Mémoire
du Docteur d'Eflon a été rédigé dans le mois de
Février 1784; & ce Mémoire a été envoyé à
M. le Baron de Breteuil & à M. Franklin, vers
le milieu de l'année 1784.

Donc, puifque le Docteur Mefmer a formellement avoué, & dans tous les temps , & pofté-
rieurement à mon engagement avec lui, la foufcription ouverte à fon profit, puifque, dans le Profpectus de cette foufcription ouverte à fon profit,
il eft expreffément énoncé que la foufcription n'a
pour objet que *de mettre le Docteur Mefmer en*
état de publier fa découverte, puifque dèflors la

foufcription remplie, le Docteur Mefmer n'a pû
garder le fecret fur fa découverte, fans manquer à
fes engagemens envers fes Eléves & le Public,
il eft, je crois, bien évident que moi, qui fuis
l'auteur de ces engagemens, moi qui n'ai ap-
proché de lui que parce qu'il les a fpécialement
approuvés, j'ai le droit de faire ce qu'il n'a pas
fait, je puis, s'il en eft temps encore, déchirer
le voile dont il enveloppe fa Doctrine.

Qu'oppofe à cette fuite de raifonnemens le
Docteur Mefmer? trois obfervations de la plus
grande foibleffe.

Première obfervation du Docteur Mefmer.
C'eft à tort que je me prévaux, s'il faut l'en
croire, du Mémoire rédigé contre le Docteur
d'Eflon; car ce Mémoire eft mon ouvrage, &
l'Avocat qu'il avoit choifi, pour pourfuivre le
Docteur d'Eflon dans les Tribunaux, l'ayant formellement rejetté, en ayant même compofé un
autre, il eft bien fondé à foutenir qu'il ne l'a
jamais approuvé.

« Vous dites que vous n'avez jamais approuvé
» mon Mémoire; & pourquoi donc l'avez-vous
» envoyé à M. le Baron de Breteuil & à M. Fran-
» klin? A cette époque, le Mémoire de votre
» Avocat étoit fait; & trouvant que ce Mémoire
» étoit foiblement écrit, vous préférates le mien;
» vous fites plus; vous voulutes exiger qu'on en
» tirât des copies pour être envoyées dans tou-
» tes les fociétés de Province; &, dans le délire
» de votre vengeance contre le Docteur d'Ef-
» lon, vous allates même jufqu'à me propofer
» de faire paffer en loi dans notre fociété, que
» nul ne pourroit être admis au nombre de vos
Eléves

» Elèves, qu'il ne s'en fût procuré un exem-
» plaire (1).

» Vous dites que vous n'avez jamais approuvé
» mon Mémoire ; mais avez-vous oublié ce qui
» s'eft paffé relativement à ce Mémoire chez
» M. Coqueley de Chauffepierre & chez M. Elie
» de Beaumont ? Avez-vous oublié le jugement
» infiniment honorable pour moi, qu'en ont porté,
» en préfence de plufieurs des Membres les plus di-
» ftingués de notre Société, ces deux Jurifconful-
» tes célèbres ? Avez-vous oublié qu'en leur pré-
» fence, vous vous êtes félicité de m'avoir pour
» défenfeur & pour appui ? Alors vous étiez
» jufte ; des hommes vils ne vous entouroient
» pas, & j'avois mis votre caractère à la hauteur
» de votre découverte.

» Vous dites que vous n'avez jamais approuvé
» mon Mémoire, & vous le dites, parce que
» votre Avocat en a fait un autre. Mais avez-
» vous oublié pourquoi votre Avocat en a fait
» un autre ? Avez-vous oublié qu'on ne fit à
» regret le facrifice du mien, que parce qu'on
» penfa que, pour le fuccès de votre affaire
» avec le Docteur d'Eflon, il étoit convenable
» d'écrire d'abord avec moins d'éclat que je ne
» me l'étois permis ? Avez-vous oublié qu'en
» confentant à ce que mon Mémoire ne devînt
» pas une piéce de votre procès, vous n'avez

_____

(1) On affure dans le Libelle, que j'ai fait tirer une tren-
taine de copies de ce Mémoire, pour être répandues à Paris
& dans les Provinces. Je ne crois pas qu'il en ait été tiré
plus de fix copies, & je n'en connois point qui ait été remife
à qui que ce foit par mes ordres.

E

» jamais défavoué aucun des faits qu'il renferme;
» faits, au reste, que je ne tenois que de vous.
» J'atteste ici les Jurisconsultes en assez grand
» nombre, qui ont été vos conseils. En est-il un
» seul qui ose dire qu'il vous a entendu désapprou-
» ver mon Mémoire ? en est-il un seul qui ose dire
» qu'il vous a vu sur-tout s'élever contre les faits
» qui s'y trouvent rassemblés ».

Seconde observation du Docteur Mesmer.
Dans ce Mémoire, continue-t-il, qu'il n'a pas
approuvé, je conviens moi-même que le magnétisme animal est sa propriété, que nul ne peut
en disposer sans son consentement, & qu'on est
coupable, quand on en dispose sans son consentement.

« Oui, je conviens qu'approcher d'un homme,
» pour s'emparer d'une découverte qu'il a faite,
» & qui, sous ce point de vue, est sa propriété ;
» qu'approcher d'un homme pour mettre ensuite
» à profit contre lui-même la découverte qu'on
» lui a dérobée, c'est être coupable ; & voilà le
» délit que vous imputiez au Docteur d'Eslon;
» & c'est en raisonnant sur la nature de ce délit,
» que j'ai employé les expressions que vous
» m'opposez maintenant. Mais que signifient ces
» expressions dans la circonstance où nous som-
» mes ? Ai-je dit dans ce Mémoire qu'on est cou-
» pable, lorsqu'on dispose d'une découverte
» après en avoir acquis la propriété, après avoir
» payé le prix auquel son Inventeur l'a estimée ?
» Or il faudroit que j'eusse tenu ce langage ab-
» surde pour que vous pussiez actuellement me
» réduire au silence ».

Troisième observation du Docteur Mesmer.

Dans mes *Confidérations fur la Théorie du Monde & des Etres organifcs*, ouvrage qui a paru, il y a environ quatre mois, c'est-à-dire, plufieurs mois après que la foufcription a été remplie, je déclare pofitivement que je n'ai ni le droit ni la volonté de publier fa Doctrine & fa Découverte.

« Quant à la volonté de publier votre Do-
» ctrine & votre Découverte, il est certain que
» je ne l'avois pas à l'époque où mon ouvrage a
» paru; mes principes différoient abfolument des
» vôtres, &, comme je croyois les vôtres mal
» fondés, je ne me fouciois en aucune façon de
» les faire connoître.

» Quant au droit de publier votre Doctrine &
» votre découverte, expliquons-nous. A l'é-
» poque où mon ouvrage a paru, ce droit m'é-
» toit acquis inconteftablement; mais je ne pou-
» vois en ufer encore, & voici pourquoi. Mon
» ouvrage n'a pas paru, il y a environ quatre mois,
» comme vous le dites dans votre Libelle, mais il
» y a environ dix mois, & ici les dates font pré-
» cieufes. Il a été achevé le 15 Octobre 1784,
» approuvé le 12 Novembre fuivant & livré à
» l'impreffion le lendemain de l'Approbation. Or
» il est bien vrai qu'alors la foufcription étoit
» remplie; mais je ne pouvois me prévaloir de
» ce que la foufcription étoit remplie, qu'autant
» que, dans le Comité dont j'étois Membre, il
» auroit été conftaté avec vous, ou à votre re-
» fus, fans vous, que, toutes vos dépenfes dé-
» duites, vous aviez en effet touché un capital
» de 240,000 liv., prix convenu de la foufcri-
» ption. Mais le Comité ne s'est affemblé pour
» cet objet, qu'après l'impreffion de mon ou-

» vrage ; il n'y a été queftion pour la première
» fois de la foufcription remplie, qu'à la fin du
» mois de Novembre. J'ai donc du dire jufques-
» là, qu'en effet je n'avois pas le droit de pu-
» blier votre Doctrine & votre Découverte : mais
» depuis ai-je dit que je n'avois pas ce droit.
» Mais fi-tôt que le Tréforier, de la fociété nons
» a produit l'état des fommes que vous avez re-
» reçues, quand il m'a été bien prouvé que, vos
» dépenfes déduites, vous aviez touché beau-
» coup au-delà de ce que vous deviez recevoir,
» n'ai-je pas fur le champ réclamé mon droit ;
» & croyez-vous que, fi mon ouvrage eût paru
» dans une telle circonftance, j'y euffe laiffé
» fubfifter les expreffions dont vous vous préva-
» lez fi mal-à-propos aujourd'hui ».

Quatriéme & dernière obfervation du Docteur
Mefmer. Me Margantin, répondant à une lettre
du Docteur Mefmer, déclare que ma foufcription
n'a jamais exifté qu'en projet dans fon étude ; &
de-là le Docteur Mefmer voudroit faire conclure
qu'elle n'eft une loi pour perfonne.

« Miférable fubterfuge ! que m'importe à moi
» la déclaration de Me Margantin, mandiée au
» moment où elle vous devient utile ? Que m'im-
» porte une déclaration abfolument étrangère
» aux circonftances où nous fommes ? Ai-je dit
» que ma foufcription a été remplie chez M^r
» Margantin ? Non, j'ai dit que le Profpectus de
» cette foufcription a été dépofé chez Me Mar-
» gantin ; que les foumiffions des premiers Eléves
» ont été faites chez Me Margantin ; que, depuis,
» par une délibération de la Société, il a été con-
» venu, pour épargner des démarches inutiles

» aux Eléves , que la foufcription feroit conti-
» nuée dans les mains du Tréforier de la Société;
» qu'en effet elle a été continuée dans les mains
» de ce Tréforier : j'ai enfuite produit & vos
» Lettres & votre Mémoire contre le Docteur
» d'Eflon; & vous oppofant à vous-même , j'ai
» prouvé, par votre propre temoignage , que la
» foufcription annoncée chez Me Margantin , &
» depuis exécutée dans le fein de la Société, eft
» ma foufcription, celle que j'avois imaginée
» pour obtenir de vous *la publicité de votre décou-*
» *verte.* Or de bonne-foi, à côté de tous ces faits,
» à côté de vos aveux fi fouvent répétés , que
» fignifie la lettre que vous vous êtes fait récem-
» ment écrire par Me Margantin , & quel parti
» pouvez-vous tirer d'un pareil titre » ? (I)

Ainfi je crois que j'ai prouvé jufqu'à l'évidence que le Docteur Mefmer a conftamment
reconnu, avoué, invoqué ma foufcription. Ainfi
je crois qu'à la forme de cette foufcription
j'ai prouvé jufqu'à l'évidence que j'ai, depuis
long-temps, le droit de rendre la Doctrine &
la découverte du Docteur Mefmer publique.
Allons plus loin.

J'ajoute, en fecond lieu, que je n'ai pas pu
rendre la Doctrine & la découverte du Docteur
Mefmer publiques; car, pour rendre fa Doctrine
& fa découverte publiques , il falloit qu'elles
fuffent fecrettes à l'époque où il m'accufe de
les avoir révélées. Or il fçait bien qu'à cette
époque, elles n'étoient plus fecrettes. Il fçait
qu'elles étoient contenues dans un livre im-

---

(1) Me Margantin eft ami du Secrétaire de la nouvelle Société.

primé avec Approbation & Privilége, & répandu soit à Paris, soit dans les Provinces,
avec une extrême profusion. Le Docteur Mesmer, je le sens bien, & on l'a déjà vu, vouloit que, comme ceux de ses Eléves qui, soit
par erreur, soit par défaut de délicatesse, se
sont associés à ses projets, je continuasse à
dire au Public que le système de ses connoissances étoit encore un mystère. Mais, en adop-
tant même dans toute sa rigueur l'engagement
dont il se prévaut si témérairement contre
moi, où trouvera-t-il que, dans le cas où son
système viendroit à être publié, je lui ai promis de soutenir opiniâtrément le plus impu-
dent de tous les mensonges; que je lui ai promis
de déclarer constamment, à la face de l'Eu-
rope entière, que son système publié n'étoit
pas son système? Où trouvera-t-il que je lui
ai promis de persister dans ma déclaration jusqu'à
ce que, ses projets de Fortune étant remplis, il
voulût bien me permettre de changer de langage.

Qu'on réfléchisse a ceci.

Pourquoi le Docteur Mesmer a-t-il voulu,
dans le principe, que celui de ses Eléves qui le
premier révéleroit sa Doctrine, lui payât une
somme de cinquante-mille écus? N'est-ce pas
parce qu'il a pensé que sa Doctrine une fois publique, aucun de ses Eléves ne pourroit demeurer assujetti à la tenir secrette, & qu'ainsi il per-
droit tout le fruit ou une partie des fruits de
ma souscription. Je le demande; s'il eût pu exiger
de ses Eléves que, toutes les fois qu'on publie-
roit sa Doctrine, ils déclarassent que ce qu'on
publioit n'étoit pas sa Doctrine, auroit-il été

fondé à ftipuler avec eux un dédommagement de cinquante mille écus. Au moyen d'un ftratagême avec lequel fa Doctrine, quoique très-publique, étoit néanmoins toujours cenfée fecrette, d'un ftratagême, qui dès-lors, quoi. qu'il arrivât, affuroit la continuation de fa fortune, n'eft-il pas. évident qu'il ne fe trouvoit jamais dans le cas d'être dédommagé? S'il a exigé dans le principe un dédomagement, n'eft-ce donc pas parce qu'il a penfé, comme je le dis, que, fa Doctrine une fois publiée, il n'avoit plus de fecret à demander à fes Eléves; & alors que fignifient fes procédés avec moi? Pourquoi m'accufe-t-il d'avoir révélé depuis quatre jours. un fyftême qui, depuis un an, n'eft plus un myftère? Pourquoi veut-il me faire porter la peine d'un délit impoffible, d'un délit que je n'ai pas pu commettre quand j'aurois eu la plus grande envie de m'en rendre coupable?

Enfin je dis, en troifiéme lieu, que je n'ai pas rendu la Doctrine & la Découverte du Docteur. Mefmer publiques.

Car en quoi confifte la découverte du Docteur. Mefmer? Sûrement dans les procédés qu'il met en œuvre, pour produire chez des individus malades les phénoménes qu'il appelle *Magnétiques*; mais ces procédés ne font ignorés de perfonne. On s'en entretenoit tous les jours avec la plus grande liberté au traitement du Docteur Mefmer. Tout le monde les a lus à la fuite des *Aphorifmes* publiés par M. Quinquet; &, dans mes. Conférences fur le Magnétifme j'en ai parlé, non pas pour les apprendre à ceux qui m'écoutoient, mais fimplement pour faire remarquer quand ils peuvent être utiles, quand ils peuvent être dangereux; mais encore, pour en donner la théorie, pour dire pourquoi ils produisent tels & tels effets. Or sur tous ces points, je n'ai rien emprunté du Docteur Mesmer; je n'ai rien dit qui lui appartienne; j'ai même parlé d'après des idées qui lui sont totalement étrangères; en deux mots, nos principes diffèrent absolument; & ce ne sont pas ses principes que j'ai développés (1).

Ensuite, où se trouve déposée la Doctrine du Docteur Mesmer? Dans les premiers cahiers qu'il a donnés à ses premiers Eléves, dans les *Aphorismes* publiés par M. Quinquet, dans de nouveaux cahiers qu'il vient de rédiger pour ceux de ses Eléves qui ont adopté ses réglemens, cahiers qui ne diffèrent des Aphorismes qu'en quelques propositions très-peu essentielles, extraites de mes cahiers gravés. Or j'en appelle à tous ceux qui m'ont entendu, y a-t-il quelque rapport entre le systême que j'ai développé, & le systême, selon moi, très-peu satisfaisant, que renferment & les Cahiers du Docteur Mesmer, & les *Aphorismes* de M. Quinquet. Le Docteur Mesmer rejette les forces attractives de Newton, & moi je les adopte. Il y a plus; j'en fais la base de mon systême. Le Docteur Mesmer imagine de nouvelles loix du mouvement, avec lesquelles il prétend expliquer comment tous les corps se sont formés: & moi, après m'être bien convaincu qu'avec de telles loix du mouvement, la formation des corps & le développement de leurs pro-

---

(1) D'après les idées de M. de Just***.

priétés, eft impoffible; toujours, d'après les idées
Newtoniennes, j'en conçois d'autres avec lefquelles je ne cherche pas à former des corps; mais avec
lefquelles il me femble que j'explique d'une façon affez claire l'action réciproque & inconte-
ftable de tous les corps, & fur-tout des
corps organifés entr'eux : je vais plus loin; j'ex-
pofe un fyftême abfolument neuf, & auquel le
Docteur Mefmer n'a jamais penfé, fur l'Electricité univerfelle, réfultante des loix de l'attraction, fur les rapports de l'Electricité & du Magnétifme, fur la théorie des fenfations dans les
êtres organifés affociée à la théorie du mouvement dans le monde ; fur les rapports de l'économie particulière de l'homme avec l'économie
générale de la Nature, fur la morale univerfelle,
fur les principes de la législation, fur l'éducation, les mœurs, les arts, &c. Certainement rien
ne reffemble moins à ce qu'a pu dire le Docteur
Mefmer que ce que je dis. Or, en fuppofant que
je n'euffe pas le droit de publier la Doctrine du
Docteur Mefmer, ce que j'ai démontré faux, le
Docteur Mefmer ne devoit-il pas, avant que de
fe livrer à la diffamation qu'il s'eft permife, s'in-
former fi, véritablement, j'ai publié fa Doctrine.
Quoi ! parce que j'échappe au projet qu'il avoit
adroitement concerté de me foumettre à une
fervitude utile à fes deffeins, parce qu'après
avoir effentiellement contribué à fa fortune &
affuré fa gloire, fidéle à mes plans de bienfaifance, je veux que l'Humanité profite de mon
travail (1), parce qu'en un mot, je ne veux

(1) J'apprends dans ce moment que le Docteur d'Eflon fe

pas, comme Sifyphe, rouler mon rocher pour
le rouler encore ; en un inftant, tout ce que j'ai
fait pour cet homme eft oublié, & la délicateffe
avec laquelle j'ai eu foin de détourner conftamment vers lui tous les hommages, de n'appeller
la Renommée que fur fa tête, cette délicateffe
n'eft plus remarquée, n'eft plus fentie ; je fuis
dénoncé comme un coupable, fans qu'on fe
donne feulement la peine de conftater mon
crime ; & l'on me calomnie avec emportement,
fimplement parce qu'il devient utile de me calomnier.

En voilà bien affez, je crois, pour démontrer
que l'imputation que m'a faite le Docteur Mefmer, d'avoir manqué à ma parole d'honneur, en
publiant fa Doctrine & fa Découverte, eft def-
tituée de toute efpéce de fondement. Je n'ai
plus qu'un mot à dire fur un préjugé que le Docteur Mefmer cherche à répandre contre les perfonnes qui ont voulu le contraindre à remplir
fes engagemens.

A l'en croire, ou plutôt à en croire le Ré-

---

difpofe à faire imprimer une *Théorie du Magnétifme*, d'a-
près les principes de M. le Chev. de B***. Je ne connois pas
ces principes ; mais des perfonnes, dans lefquelles j'ai la plus
grande confiance, m'affurent qu'ils font plus vrais & plus
élévés, que ceux du Docteur Mefmer ; vraifemblablement
auffi je les trouverai préférables à ceux que j'ai adoptés.
Alors je ferai difpenfé de publier les idées que j'avois raf-
femblées fur les rapports de l'homme avec la Nature & fur
les Loix phyfiques & morales qui réfultent de ces rapports ;
& un autre aura rempli mieux que moi la tâche que m'a-
voient impofée des circonftances auxquelles je fuis las d'appartenir.

dacteur de son Libelle, ces personnes dont il se plaint si vivement aujourd'hui, ont été gratuitement instruites par lui dans sa Doctrine, & lui doivent pour la plupart la santé. Il est difficile d'en imposer avec plus d'audace; & , si l'on réfléchit que l'auteur du Libelle, en parlant de notre prétendue instruction gratuite, n'a voulu spécialement que faire revivre une opinion autrefois répandue, qu'il n'étoit pas possible que ie m'occupasse avec tant de persévérance de la défense du Magnétisme, si le Docteur Mesmer ne me faisoit secrétement entrer dans le partage de sa fortune, on conviendra qu'il est difficile de mentir avec plus de méchanceté.

Eh bien! en premier lieu, aucune des personnes qui ont mérité la haine du Docteur Mesmer ne lui doit la santé; &, en ce qui me concerne, je déclare que, si l'usage du Magnétisme m'a fait beaucoup de bien dans le principe; si j'ai lieu de croire que dans une situation moins tourmentée que la mienne, il m'eut totalement rétabli, l'incroyable manière dont j'ai existé pendant quatre ans, toujours forcé de lutter contre des circonstances orageuses, &, ce qui me fatiguoit davantage, toujours environné d'intrigues & de manœuvres sourdes, toujours obligé, en considération du bien que j'avois en vue, de couvrir de mon caractère des hommes qui n'en avoient point, ou qui ne se développoient à côté de moi que pour de petits projets, de petites vengeances, de petites jalousies; je déclare que cette manière d'être si cruelle, si pénible pour une ame franche & fière, m'a enfin rappellé à un état à peu-près semblable à celui où j'étois lorsque j'ai eu le malheur de connoître le Docteur Mesmer.

En second lieu, aucune des personnes qui ont mérité la haine du Docteur Mesmer n'a obtenu gratuitement la révélation de sa Doctrine. Ces personnes sont M. le Comte de P*** (1), qui a payé cent louis pour en obtenir la connoissance, M. le Comte d'Avaux qui, pour le même objet, lui a non-seulement payé cent louis, mais lui a procuré plus de vingt Souscripteurs au même prix ; M. d'Eprémesnil, qui pour le même objet, lui a non-seulement payé cent louis, mais qui, dans des circonstances difficiles, a bien voulu se déclarer avec autant d'éclat que de générosité, le défenseur de l'homme qui ose le calomnier aujourd'hui (2); M. Kornmann.

_____

(1) M. le Comte de P*** a été assigné, comme M. le Comte d'Avaux au Tribunal de MM. les Maréchaux de France.

(2) On ne trouvera pas mauvais que j'expose ici mon opinion particulière sur la manière infiniment noble dont M. d'Eprémesnil s'est conduit dans toute cette affaire ; autant il avoit mis de fermeté à défendre le Docteur Mesmer, quand il étoit lâchement persécuté, autant il en a mis à résister à ses prétentions, quand il l'a vu substituer des projets de monopole à des projets de bienfaisance. Je désire beaucoup que M. d'Eprémesnil fasse imprimer sa correspondance avec le Docteur Mesmer. Elle ne peut que jetter un très-grand jour sur les motifs qui ont déterminé les démarches de celui-ci, & sur les raisons qui ont contraint le comité à ne pas concourir à l'exécution de ses plans.

Voici la manière dont j'ai cru devoir parler de M. d'Eprémesnil, en commençant, après lui, des conférences sur le Magnétisme, pour l'instruction des nouveaux membres de notre société.

« Messieurs, parmi les personnes que le désir d'acquérir » une connoissance utile rassemble ici, il en est beaucoup

Ici l'impudence du Rédacteur du Libelle eft à fon comble. Non-feulement M. Kornmann a payé cent louis pour être inftruit dans la Doctrine du Magnétifme; mais, fans M. Kornmann, fans le zéle

---

» qui ont entendu M. d'Eprémefnil, développant avec au-
» tant de dignité que de précifion, une grande théorie fur
» une grande découverte, une théorie cependant qui, de
» fon aveu comme du mien, eft encore imparfaite, &
» qui demande le concours de beaucoup d'expériences & de
» lumières, pour devenir tout ce qu'elle doit être & acquérir
» ainfi fur les efprits cet empire irréfiftible, qui accompagne
» toujours les grandes vérités.

» Ces perfonnes ont admiré, comme moi, M. d'Epré-
» mefnil, s'élevant tantôt à la hauteur des idées les plus
» fubl mes, avec une facilité qui n'appartient qu'aux hom-
» mes que la Nature a deftinés aux conceptions fortes & aux
» méditations hardies, tantôt defcendant aux détails les plus
» difficiles, fans ceffer un moment de captiver l'attention;
» parce qu'on captivera toujours l'attention, toutes les fois
» qu'on donnera aux objets les couleurs qui leur font pro-
» pres, qu'on les montrera dans la place qu'ils doivent oc-
» cuper, & qu'on les environnera du jour plus ou moins
» éclatant qui peut leur convenir.

» D'ailleurs nous n'avons pas vu fans intérêt, un Magif-
» trat, diftingué par de rares talens, par le noble ufage
» qu'il en a toujours fait pour la liberté publique & parti-
» culière, par la confidération perfonnelle, dont il eft de-
» puis long-temps environné, braver dans une circonftance
» délicate, dans une circonftance où l'opinion publique eft
» encore incertaine, tous les faux jugemens par lefquels on
» retarde toujours les progrès des vérités nouvelles; nous
» ne l'avons pas vu fans intérêt, fupérieur aux timides pré-
» cautions de l'amour-propre, s'éloigner en quelque forte
» de fa renommée, pour voler au fecours d'une grande dé-
» couverte, & devenu plus intrépide en raifon des obftacles
» qui lui étoient préfentés, fe montrer parmi nous environ-
» nant de toute fon autorité (car l'homme qui a fait de
» grandes chofes a une autorité qui lui eft propre, & dont
» on ne le dépouille pas) fe montrer, dis je, parmi nous,
» environnant de toute fon autorité & couvrant de tout
» l'éclat de fon éloquence, une vérité qu'on s'efforce en-
» vain de méconnoître, & dont le développement influera

avec lequel il m'a toujours parlé en faveur du
Docteur Mesmer, sans l'attention qu'il a mise à
me dissimuler toutes ses fautes, sans les soins
qu'il a pris pour assurer sa fortune, soins qui ne
peuvent être comparés qu'à ceux d'un frère envers son frère, sans les dépenses de toutes es-
péces qu'il a faites pour procurer des Sectateurs
à sa Doctrine, sans une suite de procédés d'une
générosité dont il est impossible de se former une
idée, de trouver un exemple; jamais le Docteur
Mesmer ne seroit parvenu au point où l'on le
voit maintenant arrivé; je ne me serois jamais
occupé de lui, & je n'aurois pas aujourd'hui la
douleur de montrer abandonné à la plus odieuse
ingratitude, un homme que je destinois aux
hommages de son Siécle. Enfin, moi. On vient
de lire le récit abrégé que j'ai fait de mes relations avec le Docteur Mesmer. Je crois qu'a-
près cela, je n'ai pas besoin de répéter ici & de
rappeller en détail que, non-seulement j'ai payé,
comme les autres, sa Découverte, mais qu'il n'est

» singulièrement, peut-être un jour, sur la destinée des con-
» noissances humaines.

» Si le Génie mérite nos hommages, c'est sur-tout lors-
» qu'il est accompagné de ce genre de courage, qui trou-
» vant en lui toutes ses ressources, & s'occupant toujours
» de ce qu'il faut faire, & ne redoutant jamais ce qu'on
» peut dire, ordonne à l'opinion de marcher à sa suite &
» n'obéit pas à ses loix.

» Je n'oublierai pas, Messieurs, en vous présentant quel-
» ques idées sur le système du monde, que je parle après
» M. d'Eprémesnil, que la tâche qui m'est imposée par
» la société à laquelle j'appartiens, est difficile à remplir, &
» que je ne la remplirai jamais mieux, qu'en me le propo-
» sant pour modéle ».

perfonne à qui elle coûte plus qu'à moi. Il n'y a que ceux qui connoiffent toute ma conduite envers le Docteur Mefmer, ceux qui favent comment, aux rifques de ma fortune, certainement peu confidérable, aux rifques fouvent de ma liberté, de ma réputation, je me fuis pendant trois ans, occupé de fon fort & de la deftinée de fa Découverte, il n'y a que ceux-là qui puiffent fentir que, dans le moment où j'écris, dans le moment actuel, ma plume ne trace que des caractères brifés, & qu'il me faut une modération à toute épreuve, pour ne pas me livrer aux mouvemens impétueux qu'excite en moi le reffentiment de l'outrage qui m'eft fait, & auquel je devois fi peu m'attendre.

J'ai fini, & je m'applaudis d'avoir fini, fans m'être écarté des bornes que je me fuis prefcrites en commençant.

Je trouve cependant, en relifant mon Mémoire, qu'on peut encóre me faire une queftion. On voit bien l'intérêt qu'a eu le Docteur Mefmer, à fe conduire avec moi comme il l'a fait; mais on fe demandera fûrement quels motifs ont pu déterminer les démarches des cinq perfonnages dont j'ai parlé fi fouvent ? Quels motifs! Vous oubliez que les plantes vénéneufes fe développent & croiffent à côté des plantes bienfaifantes, par la feule néceffité de leur végétation; qu'il y a de certains hommes qui ont des vices, tout fimplement comme d'autres ont des vertus, fans effort & parce qu'il faut, pour ainfi dire, qu'ils ayent des vices. Et puis mes cinq perfonnages, & bien d'autres encore que je ne veux pas défigner, s'étoient fottement per-

fuadés que la nouvelle Doctrine ne pouvoit pas
ne point opérer, dans peu, une révolution univerfelle dans toutes les idées humaines. On s'étoit
caché tant que le ciel avoit été nébuleux, tant qu'il
y avoit eu du danger à paroître ; mais, le danger
paffé, le ciel dépouillé d'orages, vous euffiez vu
chacun fe montrer, comme vous voyez fur la terre
récemment rafraîchie, fauter çà & là, une jeune
troupe d'animaux amphibies que vous n'y apper-
ceviez pas auparavant. Plufieurs prétendirent à
la gloire, les Gens de Lettres, fur-tout ; car j'ai
vu parmi nous des hommes qui s'appelloient
Gens de Lettres (1) ; plufieurs voulurent à tout prix
jouer un rôle, & les plus ambitieux fentirent
très-bien qu'ils ne pourroient en jouer un confidérable tant qu'ils n'opéreroient pas une divi-
fion éclatante entre l'Auteur du Magnétifme &
fes Défenfeurs. De-là, tous les faits dont j'ai
rendu compte ; de-là, l'attention à calomnier &
à diminuer de cette manière l'impreffion que
pouvoit faire fur tous les hommes honnêtes, la
conduite ferme, noble & néanmoins exempte
d'enthoufiafme du petit nombre de perfonnes
auxquelles on vouloit fuccéder.

Ainfi, je crois que tout eft bien éclairci entre le
Docteur Mefmer & moi. Il me refte une déclaration à faire. Il eft poffible que les perfonnes qui
ont follicité auprès du Docteur Mefmer l'hon-
nête emploi de Miniftres de fes vengeances,

---

(1) J'y ai vu auffi des hommes d'un mérite diftingué dans
la Littérature ou dans les Sciences, mais ceux-là ne caba-
loient pas.

continuent la diffamation qu'ils ont commencée. Dans ce cas, comme je veux avoir le droit
de nommer ces perfonnes, comme il m'importe,
après avoir arraché le mafque qui les dérobe
encore à tous les regards, de couvrir d'un jour
terrible leurs phyfionomies coupables, comme,
après la conduite la plus pure, après tout ce que
j'ai fait, je ne veux pas qu'il puiffe s'élever un
doute fur la févère délicateffe de mes principes;
je déclare que je pourfuivrai mes Diffamateurs
jufqu'aux pieds des Tribunaux, que je les y
pourfuivrai avec le plus grand éclat & la perfé-
vérance la plus opiniâtre. Alors je ferai d'autant
plus fatisfait, que je pourrai fûrement prouver
que, fi le Docteur Mefmer avoit été feul, s'il
n'avoit pas malheureufement trop écouté les
hommes que je ferai connoître, jamais il ne fe
fût livré contre moi aux excès que je lui repro-
che; alors il me fera doux de conferver encore
à l'Auteur d'une grande Découverte, quelque
portion de la gloire qui fembloit lui être deftinée,
& de faire oublier fes fautes en confidération du
bien qu'il pouvoit faire; alors, cependant, je dirai
beaucoup de chofes que j'ai l'indulgence de taire
maintenant, & peut-être regardera-t-on comme
une foibleffe, la modération dont je crois devoir
ufer aujourd'hui.

PIÉCES JUSTIFICATIVES.
N° I.

PROSPECTUS de la Souscription déposée chez Mᵉ MARGANTIN, Notaire.

On ne conteste plus à M. Mesmer la vérité de sa découverte. On convient même généralement aujourd'hui que, soit qu'on la considère dans ses rapports avec la Physique, soit qu'on l'envisage comme devant opérer une révolution profonde dans les principes de la Médecine, elle est d'une utilité dont il est difficile de mesurer l'étendue.

Ce seroit donc faire une chose favorable au progrès des sciences, & procurer le bien de tous les hommes, que de placer M. Mesmer dans un ordre de choses, *où il pût rendre sa découverte publique.*

Dans le cours de l'année 1781, le Gouvernement se proposa de fixer M. Mesmer en France ; &, pour l'engager à former des Eléves, & à y répandre sa Doctrine, il lui offrit une pension viagère de vingt-mille livres, & dix mille liv. qu'il devoit employer au loyer d'une maison propre à recevoir des malades.

M. Mesmer ne crut pas devoir accepter de telles offres. Préoccupé de l'idée de créer un premier établissement, qui pût servir de modéle à tous ceux qu'on voudroit former dans la suite ; ne voyant pas dans les propositions qui lui étoient faites, assez de ressources pour exécuter son plan comme il le concevoit : craignant sur-tout que l'exécution de ce plan ne fût interrompue par la cabale de ses Ennemis, qui chercheroient à profiter de la plus petite circonstance, pour faire suspendre ou même supprimer le payement des pensions qui lui auroient été accordées, M. Mesmer remercia le Gouvernement ; &, ne pouvant faire tout le bien qu'il avoit en vue, il ne pensa pas qu'il lui convînt de profiter de ses bienfaits.

Depuis, M. Mesmer n'a cessé de traiter des Malades. Son objet étoit d'engager par cette voie, les personnes, qui par

leur état & leurs lumières peuvent influer fur l'opinion
publique, à s'occuper enfin de fa Doctrine, & *à s'entendre*
avec lui fur les moyens *de la répandre.*

Mais que peut un homme feul, quand il lui faut com-
battre des préjugés univerfellement reçus, & que la vérité
qu'il annonce, exiftant, pour ainfi dire, à part de toutes les
vérités découvertes jufqu'à lui, ne fe lie à aucun des fyftêmes
que nous avons adoptés ?

M. Mefmer a donc trouvé des partifans, parce qu'il n'a
parlé que d'après des faits, des guérifons évidemment opérées, & qu'on ne contefte férieufement ni une guérifon, ni un fait. Ces partifans font même aujourd'hui très-
nombreux, & foit à Paris, foit dans les Provinces, on
s'étonne généralement qu'une découverte auffi précieufe
que la fienne, foit abandonnée avec indifférence au hazard de tant d'événemens qui peuvent en priver l'Humanité.

Mais perfonne encore ne s'eft occupé d'une manière utile
de fouftraire cette découverte au fort dont elle eft menacée.
On a cru que ce que le Gouvernement n'avoit pas fait, nul
ne devoit le faire : on a craint de s'élever contre des infti-
tutions trop généralement refpectées ; & , en formant des
fouhaits pour qu'une Doctrine, dont on ne pouvoit plus fe
diffimuler les avantages, *acquît enfin toute la publicité* dont
elle eft fufceptible, on ne s'eft guères empreffé de chercher
une circonftance, *où il fut poffible de la divulguer avec
fuccès.*

Un homme de lettres, qui doit à M. Mefmer le rétablifle-
ment de fa fanté, & la deftruction de tous les germes
d'une maladie dont il a été tourmenté dès fon enfance (1),
ayant eu le loifir de réfléchir pendant la durée de fon traitement fur le bien infini que la connoiffance d'une telle
découverte doit produire, a penfé qu'il feroit facile de
placer fon Auteur dans une fituation où il pût s'occuper
fans inquiétude des moyens *de la répandre.*

En conféquence, il propofe de former une fociété d'un
nombre quelconque de perfonnes, lefquelles fourniroient
chacune une action de cent louis, & lorfqu'on auroit raf-

---

(1) Je croyois alors mon rétabliffement affez prochain, pour penfer
que je pouvois fans témérité parler ainfi.

semblé cent actions, on engageroit M. Mesmer, dont le sort seroit ainsi invariablement déterminé, à faire pour ceux qui les auroient fournies, un Cours complet de sa Doctrine.

Par-là, on mettroit à jamais cette Doctrine à l'abri des événemens qui peuvent en faire perdre la trace ; M. Mesmer n'auroit à craindre ni cabale, ni révolution dans l'exécution du plan qu'il a conçu, & la découverte, sans contredit la plus importante & la plus utile qui jamais ait été faite, ne seroit plus exposée à être ensevelie dans le profond oubli dont à peine elle est tirée.

Il n'est pas besoin de dire ici qu'une seule personne pourra représenter plusieurs actions, & qu'une seule action pourra être fournie par *plusieurs personnes*. Mais on observera que, lorsque plusieurs personnes auront concouru à former une seule action, une seule personne, d'après le choix libre de ses co-associés, pourra être admise au Cours de M. Mesmer, & cela pour ne pas trop surcharger ce Cours, & afin que, chaque action conservant son unité, elles ayent toutes la même valeur (1).

Ce projet ne doit pas éprouver beaucoup de difficultés.

Il y a dans le système de M. Mesmer, trois ordres de vérités, qu'il importe plus ou moins mais toujours très-essentiellement de connoître.

Le premier ordre a pour objet la science de la Nature ; & il en résultera de nouvelles lumières sur beaucoup de parties encore obscures de la Physique universelle ; telles que l'aimant, l'électricité, le feu, l'attraction, la gravitation, &c. &c. Sous ce point de vue, la découverte de M. Mesmer, ne peut que vivement exciter la curiosité des Savans.

Le second ordres de Vérités a pour objet notre propre conservation, & il en résultera une connoissance exacte des loix générales, auxquelles notre organisation obéît, & des

_____

(1) Il me semble que ces trois paragraphes prouvent assez que la Souscription avoit pour objet de former une Société plus ou moins nombreuse, qui ayant une fois assuré le sort du Docteur Mesmer, s'occuperoit de faire jouir toutes les classes de la Société, de la connoissance de sa découverte ; ce qu'on va lire le prouve encore davantage.

procédés simples & en petit nombre, qu'il nous convient
de mettre en œuvre, pour nous garantir de la plupart des
maux, dont nous sommes la proie. Cet ordre de vérités
constitue proprement l'art de préserver ; art facile, mais
encore ignoré, qui doit opérer une révolution bien importante dans notre éducation physique, & dont il n'est personne qui ne doive désirer d'être instruit (1).

Le troisième ordre de Vérités, a pour objet la Médecine,
ou l'art de guérir, & il en résultera une théorie des maladies
absolument neuve, théorie déterminée d'après le système des
loix de la Nature, & la connoissance des propriétés que M.
Mesmer a découvertes dans les corps organisés. Malgré les
efforts des plus beaux Génies, la Médecine est encore un art
conjectural ; & , tant que nous ignorerons comment nous ap-
partenons au système du monde, & quelle est l'influence
aujourd'hui bien incontestable de ce système sur nous, il
nous sera toujours impossible de faire faire à cet art, tous
les progrès dont il est susceptible.

La publicité de la découverte de M. Mesmer, ne peut
qu'exciter un intérêt universel dans toutes les classes de la
société. Si l'on connoît un moyen de hâter cette publicité ; si
ce moyen existe plus ou moins dans les mains de tout le
monde, celui qui propose d'en faire usage, doit donc
compter sur quelque succès, & il espère, pour l'avantage des
Sciences & l'honneur de l'Humanité, que beaucoup de
personnes s'empresseront de concourir avec lui à l'exécution
du projet qu'il a formé.

(1) Comment peut-on se persuader que j'ai pu me proposer de faire
une Doctrine secrette de l'art de préserver, qui doit être essentiellement une Doctrine Domestique & qu'il faut, en conséquence, mettre
dans les mains de tout le monde.

N.º II.

Extraits des Lettres du Docteur Mesmer, qui prou vent qu'il a formellement reconnu l'existence d'une Société dépositaire de sa Doctrine, sans le Concours de laquelle il ne pouvoit former aucun Eléve, & de plus l'existence d'une Souscription ouverte à son profit.

Le P. HERVIER à Bordeaux.

J'AI fait lire mon R. P. *au Comité* nouvellement institué pour délibérer sur les affaires particulières *de notre Société*, la lettre que vous m'avez écrite. Les succès que vous avez à Bordeaux, le zèle avec lequel vous y défendez la Doctrine qui vous a été révélée, & les nombreux proſélites que vous lui avez faits, vous ont mérité des éloges de la part du Comité : & il me charge de vous faire au nom *de la Loge* tous les remercimens que votre conduite vous met dans le cas d'attendre d'elle...

Quant à la Souscription, le *Comité n'a pas le pouvoir d'en modérer le prix*, & sur ce point la Loge, des volontés de laquelle il n'est qu'exécuteur, a enchaîné *sa liberté & la mienne* (1).

M. NICOLAS, Médecin à Grenoble.

Il s'est formé autour de moi *une Société respectable*, qui s'est accrue considérablement depuis que j'ai eu l'honneur de vous en parler, *qui ne s'occupe avec moi que des moyens de répandre ma Doctrine de la manière la plus sûre & la plus convenable.*

_____

(1) Pourquoi ? Parce que la Société vouloit se délivrer promptement de l'obligation qu'elle s'étoit imposée de payer au Docteur Mesmer 240,000 liv. à l'effet de devenir propriétaire de sa Découverte.

M. CARRÉ, ancien Chirurgien Major de l'Hôtel-Dieu de Lyon , 24 Mars 1784.

Quant aux conditions pécuniaires, *la Société qui s'est formée autour de moi* , plus occupée de mes intérêts que je ne le suis moi-même , exige que chacun qui est admis dans cette Société , acquitte *à mon profit, une somme de* 2,400 *liv.*

M. d'HERVILLÉ, Médecin du Roi, & M. POUJOL, Négociant à Amiens. 27 Mars 1784.

Je vous envoye une liste des Personnes , qui composent actuellement l'ordre de l'Harmonie. Le nombre en seroit bien plus grand , si l'on n'avoit pas observé la plus grande circonspection dans le choix des sujets. Il est bien à remarquer , que la formalité de remplir le prix de la *Souscription*, est la moindre des conditions pour y être admis.

M. SCHALCH, Négociant à Bordeaux. 3 Avril 1784.

J'ai été long-temps à choisir des personnes honnêtes , auxquelles je puisse confier le dépôt de mes connoissances , je les ai enfin trouvées & formées autour de moi en Société. Je les ai invitées à donner à cette Découverte *toute l'étendue qu'elle doit avoir , & c'est de cette société aujourd'hui , qu'il dépend de décider si l'on est digne d'être admis dans son sein , pour devenir mon Eléve : c'est elle seule qui a le pouvoir d'accepter , ou de refuser.*

M. le Marquis de M***, à Paris, 9 Avril 1784.

Je ne puis que vous réitérer , Monsieur , ce que j'ai eu l'honneur de vous dire relativement au désir que vous témoignez d'être instruit de la Doctrine du Magnétisme-Animal ; il faut que vous vous adressiez à quelqu'un de la *Société à laquelle j'ai confié le dépôt de cette Découverte*, pour être proposé *à en devenir Membre.* C'est elle qui a le pouvoir d'accepter ou de refuser. Si par hazard , vous ne connoissiez aucun de ceux qui composent cette Société , je me chargerai avec plaisir , Monsieur , de faire

F iv

connoître vos intentions là-deſſus, & je crois devoir vous
obſerver ſeulement de ne pas différer trop long-temps : car
comme dès le commencement du mois de Mai, je com-
mencerai une nouvelle inſtruction, qu'il n'y a qu'un certain
nombre de perſonnes qui puiſſe y être admis, les premières
inſcrites auront la préférence.

M. EUSTACHE, Avocat à Trévoux, 12 Avril 1784.

J'ai l'honneur de vous dire que, pour donner à cette
Découverte toute l'étendue & utilité dont elle eſt ſuſ-
ceptible, j'ai cru devoir confier l dépôt de mes connoiſſance à une Société qui s'occuperoit conjointement avec
moi à déveloper ce plan. C'eſt cette Société aujour-
d'hui, dont je ſuis le chef, qui décide ſur le choix des
individus qu'elle agrée, pour en devenir Membre & mon
Eléve.

M. le Prince de N***, à Paris, 11 Avril 1784.

Le Médecin auquel vous avez accordé votre eſtime, ne
peut que m'être infiniment recommandable. Je me ferai un
vrai plaiſir de le compter parmi mes Eléves, lorſqu'il
viendra dans ce pays-ci, & qu'il aura les ſuffrages de
tous.... &c.

M. le Bailli des BARRES, à Malte, 13 Avril 1784.

La Loge que j'ai conſultée & ſans laquelle, je me ſuis
fait une loi, même en ce qui me concerne, de ne rien entre-
prendre qu'après avoir demandé ſon aveu, a trouvé que
je ne devois en aucune manière acquieſcer à la demande
que vous me faites.

M. VENDRIEL, à Bordeaux.

Une Société reſpectable, à laquelle j'ai confié le dépôt
de mes connoiſſances, s'occupe, conjointement avec moi
à faire jouir les Provinces des mêmes avantages.

M. de BENNEVART, Négociant à Saint-Chamond.

J'aurai l'honneur de vous *dire que c'est une Société respectable* à *laquelle* j'ai confié le dépôt de mes connoissances, qui décide *sur les sujets qu'elle croit les plus propres* à développer *ma Doctrine*.

M. ALVERNCHE, à Nismes, 19 Avril 1784.

Il faut s'adresser à la Société respectable à laquelle j'ai confié ma Doctrine pour s'occuper, conjointement avec moi, à la propager.

M. LE BRETON, Médecin à Quimper en Bretagne, 20 Avril 1784.

J'ai cru ne pouvoir mieux réussir que de déposer le sy-stème de mes connoissances *à une Société.*

M. MELTIE, Chirurgien de l'Hôtel-Dieu à Trévoux.

Je n'ai cru pouvoir mieux faire que de la déposer à une *Société*, qui s'occuperoit avec moi à la propager de la ma-nière la plus convenable. C'est aujourd'hui cette *Société*, *dont je suis le Chef, qui décide sur l'admission d'un sujet.*

M. DURAND, à Lyon, 21 Avril 1784.

Vous pouvez vous adresser en toute confiance au sieur *Orlus*, qui a formé un Traitement à Lyon, pareil à celui que j'ai à Paris. Ayant été sollicité de se fixer à Lyon, pour y faire un établissement du Magnétisme-Animal, le sieur Orlus a été autorisé à cet effet par moi, & par la *Société respectable qui s'est jointe à moi pour faire produire à ma Doctrine, tous les avantages dont elle est susceptible.*

M. LA NOIX, Maître en Pharmacie à Lyon, 22 Avril 1784.

Que pour faire produire à ma Découverte tous les avan-tages dont elle est susceptible, j'ai cru devoir la déposer à une Société : *c'est cette Société qui décide sur le choix des sujets.*

M. DEPAGNET, *Curé à Bordeaux*, 18 Juin 1784.

Lorsque j'ai confié le dépôt de mes connoissances à une Société respectable, dont je suis le Chef.

M. le Chevalier DU BOUCHAGE, *Capitaine d'Artillerie à la Fère.*

Sur ce que vous me faites l'honneur de me proposer un Eléve, qui a acquis toute votre confiance, Monsieur, j'aurai celui de vous dire que, dans la vue de propager ma Doctrine avec plus de succès, j'ai cru *devoir la déposer dans toute sa pureté*, à une Société de personnes qui voulussent, conjointement avec moi, lui faire produire tous les avantages dont elle est susceptible, & c'est *cette Société respectable, dont je suis le Chef, qui décide* aujourd'hui sur l'admission des sujets qui lui sont proposés.

M. REVOLAT, *Médecin à Vienne*, 16 Juillet 1784.

Et pour faire produire à ma Doctrine tous les avantages dont elle est susceptible, j'ai cru devoir la déposer dans toute sa *pureté entre les mains d'une Société qui voulût s'occuper,* conjointement avec moi, de cet objet.

M. MAZERET, *à Lisbonne*, 18 Juillet 1784.

J'aurai celui de vous dire que, dans la vue de rendre plus utile la Découverte que j'ai faite, & de lui faire produire tous les avantages dont elle est susceptible, j'ai cru devoir la déposer entre les mains d'une *Société* de personnes qui puissent s'en occuper conjointement avec moi.

M. BRAZIÈR, *à Saint-Estienne-en-Forez*, 27 Juillet 1784.

Voilà quel seroit le plan que je pense que vous pourriez

suivre : il faudroit mettre le prix de la *Souscription* à 40 louis (1), de ces 40 louis, il n'y en auroit que vingt qui me seroient réservés ; des vingt autres, on en pourroit destiner dix pour vos honoraires en qualité de Professeur, & les dix restans pourroient servir à des objets de bienfaisance dont cette Société même, disposeroit chez vous, soit en aidant des pauvres malades soumis au Traitement, soit pour l'éducation d'enfants, sur lesquelles on pourroit faire des observations aussi utiles qu'intéressantes pour le développement du physique & moral.

M. BONNEFOI, à Lyon, 10 Août 1784.

Si les circonstances survenues ne permettent absolument pas de trouver des Amateurs à ce prix, il vaut sans doute mieux pour l'intérêt général se borner à 25 louis, que de ne rien faire du tout (1).

---

(1) On voit ici le système du Docteur Mesmer, qui cherchoit à étendre sa Souscription à tel point que les Provinces y contribuassent comme la Capitale. La Société ne s'y est pas opposée, dans le principe parce que son intérêt étoit que la Souscription fût en effet promptement remplie.

(2) Ces Extraits de Lettres sont tirés d'un Registre, dans lequel le Secrétaire du Docteur Mesmer a copié, par son ordre, toutes les Lettres qu'il a écrites, soit dans l'Etranger, soit dans les Provinces, relativement à la propagation de sa Découverte.

N°. I I I.

Extrait du Mémoire contre le Docteur d'Eſlon.

QUELQUES-UNS de mes malades qui m'étoient de-
meurés fidéles, & qui ayant éprouvé toute l'efficacité de
ma méthode, regrettoient que des circonſtances fatales ne
m'euſſent pas encore permis de travailler à la répandre,
rédigèrent, à mon retour des eaux de Spa, un plan qui,
ſans contrarier en rien les vûes de bien public, j'oſe le
dire aſſez vaſtes dont j'étois occupé, me mettoit dans le
cas en formant des Eléves, de devenir d'une utilité beaucoup plus conſidérable que je ne l'avois été juſqu'alors (1).

J'approuvai ce plan, je l'approuvai même avec une ſorte
d'impatience.

Les Rédacteurs du plan dont je parle, après s'être occupés des intérêts de l'Humanité, crurent auſſi devoir s'occuper des miens, & il fut arrêté entr'eux, qu'il ſeroit ouvert à mon profit *une Souſcription*, & que nul ne pourroit
être admis au nombre de mes Eléves, qu'il n'eut payé dans
les mains *de l'un d'eux*, une ſomme convenue. Pour me
faire approuver ce projet, &, s'il étoit poſſible, me faire
perdre le ſouvenir de la manière odieuſe dont j'avois été
traité, ils ſe rendirent tous enſemble chez moi, & s'enga-
gèrent, en ſe donnant mutuellement leur parole d'honneur,
à mettre tout en œuvre, pour me faire triompher des circonſtances malheureuſes, dans leſquelles on m'avoit placé,
& à ne me quitter que lorſqu'ils auroient réuſſi. En même-
temps ils me montrèrent leur projet de Souſcription, &
un engagement ſigné en particulier par chacun de payer la
ſomme qu'ils avoient déterminée, dès que je jugerois à propos de leur révéler mes connoiſſances.

Puis, ſans me laiſſer le temps de la réflexion, ils me dé-
clarèrent que ce n'étoit qu'autant que j'approuverois la Souſ-

---

(1) Je défie le Docteur Meſmer de ſoutenir que ce plan n'eût pas
pour objet la publicité de ſa Découverte.

cription qu'ils concourroient avec moi au développement de mes vues, & qu'ils en prépareroient le fuccès.

Note du Mémoire.

Voilà la Souscription monftrueufe dont parle M. d'Eflon; Souscription dont comme l'on voit, je ne fuis pas l'Auteur, mais *que j'ai cru pouvoir approuver*, parce que les motifs les plus nobles l'avoient déterminée.

L'Avocat de M. d'Eflon a foufcrit pour être admis au nombre de mes Eléves. M. Bienaimé, ami & aujourd'hui l'Adjoint de M. d'Eflon, a été également au nombre *de mes Soufcripteurs*, & les engagemens de ces deux perfonnes *ont fubfifté dans l'Etude du Notaire chargé de les recevoir, non-feulement pendant tout le temps qu'à duré ma réunion avec M. d'Eflon, mais même long-temps après notre dernière féparation.*

Or, je le demande, tout cela feroit-il arrivé, *fi j'avois renoncé à la Soufcription*? La première chofe qu'auroient faite l'Avocat de M. d'Eflon & M. Bienaimé, n'auroit-elle pas été de retirer leurs engagemens des mains du Notaire qui les avoit reçus ? Tous les jours, *ils favoient qu'on alloit foufcrire chez ce Notaire*; &, loin de s'en plaindre, ils reftoient eux mêmes Soufcripteurs, & néanmoins il avoit été convenu, dit-on, entre M. d'Eflon & moi, *que la Soufcription n'exifteroit plus*. En vérité, *quand on invente des faits, il faudroit au moins les inventer vraifemblables* (1).

_____

(1) Comment après cela le Docteur Mefmer peut-il dire qu'il n'a pas approuvé la Soufcription, & qu'on ne peut s'en prévaloir contre lui, parce qu'il ne l'a pas fignée.

Nº I V.

Lettre écrite par M. Bergaſſe au Docteur Meſmer,
quelque temps avant le départ de celui ci pour
l'Angleterre.

Il paroît, Monſieur, par l'enſemble de votre conduite,
que vous avez formé le projet de rompre ſans retour avec
les perſonnes qui vous ont ſi puiſſamment aidé contre vos
ennemis, & qui, en vous faiſant le ſacrifice de leur travail
& de leur génie, ont tant contribué à vous acquérir la fortune & la renommée dont vous jouiſſez maintenant.

Ce projet, que bien des gens trouvent étrange, me ſemble
à moi très-naturel. En général, il eſt dans le cœur humain
de ne guères aimer ceux qui nous ont été utiles avec trop
d'éclat. A côté d'eux on ſe croit dans leur dépendance, &
il eſt tout ſimple qu'un moment arrive où leur préſence nous
devienne importune.

En une telle circonſtance, Monſieur, je dois vous prévenir de deux choſes.

La première, que je rédige actuellement un Mémoire,
contenant l'hiſtoire de mes relations avec vous (1). Je ſuis
inſtruit que depuis quelque temps, les gens peu délicats qui
vous dirigent, travaillent à l'envi à diminuer par d'adroites
calomnies, & de légers mais dangereux menſonges (2),
l'impreſſion que doit faire ſur tous les hommes, qui aiment
le déſintereſſement & le courage, la manière ſi généreuſe
& ſi noble, dont je vous ai obligé. Il faut donc que je
parle, Monſieur, & que, par un Expoſé ſimple, de ce qui

_____

(1) A l'époque de cette Lettre, j'avois effectivement commencé à
à écrire l'Hiſtoire de mes relations avec le Docteur Meſmer. Enſuite je
m'étois déterminé à garder le ſilence, juſqu'à ce qu'enfin provoqué de
la manière la plus cruelle par le Libelle auquel je réponds, je me ſuis
vu contraint de publier des faits que j'aurois bien voulu toujours
taire.

(2) Les menſonges depuis ſont devenus atroces.

s'eft paffé entre nous & des motifs, vous le favez, bien ; héroïques, qui ont déterminé mes démarches, je prenne dans l'opinion publique, la place qui m'eft due.

D'ailleurs, Monfieur, je ne veux pas vous nuire ; je cherche moins ici à me défendre, qu'à me garantir, & les faits dans mon Mémoire, feront racontés avec beaucoup de calme & de modération. Ayant agi avec vous, depuis que je vous connois, avec tant de grandeur, de confiance & d'abandon, je fens que, de quelque manière que vous-vous comportiez, vous ne devez jamais exciter ma colère ; qu'il eft une forte de dignité qui me convient, & que je ferois au-deffous du rôle que j'ai joué, fi je me permetois un inftant de vous haïr.

Le feconde chofe qu'il faut que je vous dife, eft du plus grand intérêt pour moi. Dans quelques-uns de mes Ecrits, & notamment dans le dernier, j'ai affocié à vos idées, une portion confidérable des miennes ; il n'a pas paru que ce mélange nuisît à l'opinion qu'il faut avoir de votre Découverte ; & , fi quelques-uns de vos Eléves, & vous même, à ce qu'on affure, avez penfé autrement, je vois qu'en général le Public a été frappé de la hardieffe de l'enfemble que j'ai mis fous fes yeux.

Mais, Monfieur, dans ce dernier ouvrage, j'ai annoncé que, quelque jour, je développerois toutes mes vues fur le monde & fur l'homme ; c'eft-à-dire, fur le fyftême général des connoiffances humaines. Ce projet eft très-ancien dans ma tête. Il y a quinze ans que j'ai imprimé pour la première fois que j'en étois fortement occupé, & il eft vraifemblable que, fi ma fanté fe rétablit enfin, je le mettrai à exécution. Or, en le travaillant, je me propofois de montrer (fans vous faire le facrifice abfolu de mes connoiffances) combien votre Découverte avoit étendu la fphère de mes idées, à quelles méditations fortes, & d'un genre tout-à-fait extraordinaire elle m'avoit entraîné, & en conféquence je voulois vous faire honneur, & de mes méditations & de mes idées. Aujourd'hui les chofes changent. L'expérience m'ayant appris que tant de générofité de ma part feroit folie, vous trouverez bon que je fépare de vos richeffes le peu de bien que je puis avoir, & que mon efprit, fi peu fait pour l'efclavage, brifant enfin tous fes liens, ne fe montre plus comme il eft arrivé jufqu'à préfent, dans la dépendance du vôtre.

D'après cela, je vous préviens que dans le premier écrit, qui sortira de ma plume, revenant sur mes *Considérations* & sur le discours que j'ai prononcé en présence de vos Elèves, j'userai comme positivement à moi, de mes idées sur la gravitation, sur la théorie des sensations, considérée dans ses rapports avec la théorie du monde, sur l'imitation, sur l'imagination, sur l'éducation, sur la morale, sur les mœurs, sur les arts, sur la douleur, sur l'origine du désordre dans le monde & sur le mouvement universellement réparateur de ce désordre, mouvement auquel, comme on le verra dans la suite, je ne donne pas la même cause que vous. Ces idées certainement ne se trouvent ni développées, ni en germe dans vos *Aphorismes*, tels que vous nous les avez donnés ; elles peuvent résulter du système de Newton, de celui de Descartes, de celui d'Epicure, tout aussi exactement que du vôtre ; & si je les ai attachées au vôtre, elles ne doivent pas pour cela cesser de m'appartenir.

Cependant je dirai, quoiqu'en vérité je puisse bien m'en dispenser, que c'est en méditant sur votre système que je les ai rassemblées, & d'ailleurs dans toute occasion, je rendrai la justice la plus éclatante & la plus publique, à l'originalité singulière de votre Découverte, & à la fécondité de quelques-unes de vos idées. Ayant été si long-temps généreux, il ne me sera pas bien difficile de n'être que juste ; je serai même juste encore avec assez de délicatesse, pour que, si mes méditations ont pu ajouter quelque chose à votre reputation, en les séparant des vôtres, je ne vous fasse rien perdre de votre gloire (1).

Plus d'un motif, Monsieur, me détermine à en agir ainsi.

D'abord, parmi vos Elèves, plusieurs, comme je viens de le dire, ont blâmé mon dernier ouvrage ; plusieurs n'y ont pas reconnu la Doctrine de leur Maître, & se sont singulièrement occupés de déprécier les idées qu'il renferme. Or je mettrai par ma démarche toutes ces personnes parfaitement à l'aise, & je leur épargnerai le chagrin de voir plus long-temps l'or de vos pensées obscurci par l'alliage des miennes.

---

(1) C'étoit en effet ainsi que je voulois agir. Il est cruel pour moi que le Docteur Mesmer m'ait forcé de m'écarter de mon premier plan.

Ensuite,

Enfuite, quoiqu'aujourd'hui plusieurs de vos Éléves, &
fur-tout ceux dont vous composerez votre nouvelle Société, déclament contre mes conceptions, & fassent pro-
fession d'en blâmer la hardiesse & l'étendue, je sais cependant qu'il en est parmi eux qui ne craignent pas de les adopter, lorsque, hors de ma présence, ils peuvent se les ap-
proprier, ou donner à entendre que je n'en suis pas l'Auteur.
J'accuse fur-tout, de ces petites adresses le. . . . .
qui s'est si bien caché, quand il y avoit quelque danger à
paroître au nombre de vos défenseurs ; mais qui, le
danger passé, vient de se placer si loyalement entre nous
deux, pour briser nos communs liens, & affoiblir très-à-
propos l'idée qu'on pouvoit avoir de ma conduite & de
mes talens. Or, Monsieur, j'ai bien pu vous faire le
sacrifice de mes réflexions, à vous que j'appelle un homme
de génie ; mais il seroit en vérité trop dur que je m'aban-
donnasse au pillage d'une foule d'hommes, qui n'ont à mes
yeux qu'un mérite ordinaire, & fur-tout du personnage
cauteleux, qui se charge aujourd'hui, d'achever d'une manière si honteuse votre destinée.

Enfin, Monsieur, le jour où je développerai toutes les
parties du plan qui se dessine depuis long-temps dans ma
tête, je ne veux pas que l'on m'accuse de n'employer que
les idées des autres, lorsque je n'employerai que les miennes.

Je ne veux pas qu'ayant eu à côté de votre Découverte,
& bien avant que votre Découverte me fut connue, des
pensées qui me semblent originales, j'aye l'air de dérober
ce qui est à moi, & je le veux d'autant moins que vous
avez déjà du entrevoir dans ce que j'ai écrit, que mes
principes différent essentiellement des vôtres. Il me convient donc dès-à-présent de reprendre ma propriété trop
franchement & trop imprudemment abandonnée. Je ne devois pas compter d'une manière exacte avec celui dont j'ai
essayé de faire le bienfaiteur des hommes ; mais il faut
bien que je prenne des précautions pour l'avenir avec celui,
qui, oubliant jusqu'à quel point je me suis compromis pour
sa gloire, combien de fois pour le défendre, j'ai couru le
risque de ma fortune, de ma réputation & même de ma
liberté, a permis qu'à l'instant où je lui élevois un trône dans
l'opinion, de tristes calomnies & de misérables complots
devinssent ma récompense.

Voilà, Monsieur, ce que je voulois vous dire. Je me

G

dois à moi-même de séparer pour jamais ce que je suis, ce que je deviendrai, de ce que vous êtes, de ce que vous pourrez devenir. Je me dois d'éclairer d'un jour pur la plus belle partie de mon histoire ; celle où, arrivé chez vous souffrant & malade, plein des souvenirs les plus douloureux, ne voyant devant moi qu'un avenir funeste, détaché de tout, mais aimant encore les hommes, j'ai surmonté mes maux & mes peines, pour m'occuper de leur bonheur ; celle où, dans une longue obscurité, m'oubliant tout entier pour vous, j'ai préparé parmi des dangers sans cesse renaissans, les jours éclatans qui sont aujourd'hui votre partage.

Et en vérité, Monsieur, ce n'est pas l'amour-propre qui me fera parler & agir comme je vous l'annonce ici, mais je trouve, & je viens de l'imprimer, qu'on devient coupable, lorsqu'on laisse impunément calomnier le bien qu'on a fait, ou celui qu'on se propose de faire : on accoutume ainsi les hommes à ne pas croire à la vertu.

Après des déclarations de ce genre, Monsieur, je sens que nous ne sommes plus faits pour nous retrouver ensemble. Aussi mon dessein n'est-il pas d'appartenir davantage à aucune des sociétés qui, sous vos auspices, s'occupent de l'étude & de l'application de votre Découverte. Sitôt que j'aurai rempli la tâche qui m'est imposée par la place que j'occupe dans notre actuelle Société, je me retirerai de son sein ; &, libre de toute discussion, & dégagé de tout esprit de parti, & vivant enfin pour la vérité, & la cherchant parce que j'ai besoin d'elle, parce qu'elle importe à mon repos, & non pas parce qu'elle peut servir à ma gloire, je travaillerai en silence à opérer autant que mes forces me le permettront, dans les mœurs & les opinions humaines, l'interressante révolution dont je vous ai trop constamment & trop inutilement entretenu.

Adieu, Monsieur, un moment viendra où vous serez seul avec votre conscience ; alors vous serez bien à plaindre ; &, si les hommes qui se sont si généreusement occupés de votre sort, pouvoient aimer la vengeance, ils seront trop vengés.

Vous pouvez vous dispenser de me répondre.

Note. Encore une Observation qu'une circonstance récente me met dans le cas de faire. Le Docteur Mesmer assure, dans son Libelle, que nous prétendons à tort qu'il n'a pas voulu rendre sa Découverte publique ; qu'il a bien défendu à ses Eléves, de faire imprimer sa théorie telle qu'il l'a déposée dans les Archives de sa Société ; qu'il a bien exigé d'eux, qu'ils n'instruisissent qui que ce soit, sans en avoir obtenu une parole d'honneur, que rien ne seroit révélé de ce qu'ils enseigneroient, *& cela, pour prévenir les abus dont sa Découverte est susceptible* ; mais qu'ayant permis à tous indistinctement d'instruire à leur choix les personnes qu'ils trouveroient capables de pratiquer utilement le Magnétisme ayant même permis d'écrire sur le Magnétisme, on ne pouvoit pas dire qu'il ait eu le dessein d'arrêter les progrès de sa Doctrine & de la tenir secrette. Il faut, une fois pour toutes, écarter ces misérables Sophismes.

D'abord & en premier lieu, c'est désespoir de cause, c'est sur les menaces du Comité, & d'après une lettre que je fis insérer dans le *Journal de Paris*, dans laquelle j'annonçai, que le dessein de notre *Société* étoit d'instruire dans le Magnétisme, tous les Curés & les Chirurgiens de Campagnes, tous les Pères & Mères de famille qui le désireroient, que le Docteur Mesmer s'est vu contraint d'accorder à ses Eléves, la permission d'instruire, sous la promesse néanmoins du secret, quiconque leur paroîtroit propre à acquérir la connoissance du Magnétisme.

En second lieu, c'est mal à propos, c'est contre la vérité que le Docteur Mesmer soutient qu'on ne peut éviter les abus dont la Découverte du Magnétisme est susceptible, qu'en la propageant dans le secret. N'a-t-on donc pas plus à craindre d'un enseignement secret confié à une multitude d'individus, dont le plus grand nombre n'a qu'une idée très-imparfaite de ce qu'il doit apprendre aux autres, que d'une révélation publique, qui mettra chacun & sur-tout les hommes accoutumés à réfléchir, dans le cas d'apprécier la Découverte du Magnétisme ce qu'elle vaut, & d'en perfectionner ou d'en réformer la théorie & l'application. On voit ici l'embarras du Docteur Mesmer, qui ne pouvant plus arrêter les progrès de sa Découverte, voudroit cependant faire ensorte qu'elle parut encore long-temps secrette, pour qu'il pût en user une seconde fois, d'une manière utile à sa fortune.

En troisiéme lieu, il est faux qu'en permettant à ses

Eléves d'inftruire qui bon leur fembleroit dans la fcience du Magnétifme, & même en leur permettant d'écrire fur le Magnétifme car, en effet, par fes réglemens une telle permiffion leur eft accordée) le Docteur Mefmer ait fait la même chofe que s'il publioit fa Découverte. Il faut bien faifir l'efprit des réglemens du Docteur Mefmer, réglemens rédigés avec une aftuce incroyable & uniquement pour faire retomber fur le Comité le blâme que le Docteur Mefmer avoit encouru. Par un des articles de ces réglemens, il eft dit que perfonne ne pourra publier la théorie écrite du Docteur Mefmer, & cela n'eft pas jufte ; car on a payé cette théorie écrite, & le Docteur Mefmer n'en eft plus le propriétaire. Par un autre article placé à beaucoup de diftance de celui-là, il eft dit qu'on pourra publier des Ouvrages fur le Magnétifme, à l'effet de détruire les préjugés qui s'oppofent encore aux progrès de cette Doctrine ; mais il n'eft pas dit qu'on pourra publier des Ouvrages où la théorie & la pratique du Magnétifme feront révélées. M. d'Eprémefnil, dont on a voulu dans cette affaire furprendre la bonne-foi, s'étant apperçu du piége qu'avec un tel article on tendoit au Comité, pria le Docteur Mefmer de déclarer s'il entendoit, par cet article, laiffer à chacun de fes Eléves, la liberté d'écrire fur la théorie & la pratique du Magnétifme ; le Docteur Mefmer, forcé de s'expliquer, fe vit contraint de convenir qu'il n'accordoit pas, qu'il interdifoit même expreffément une telle liberté ; de plus, on voit affez par le fecret qu'il fait exiger de chacune des perfonnes qu'on inftruit dans le fyftème de fes connoiffances, que fon intention n'eft certainement pas, qu'aucun de fes éléves écrive pour révéler ce fyftème. Après cela qu'eft-ce que la prétendue publicité dont on parle ? Qui ne voit que le Docteur Mefmer forcé de donner, voudroit toujours retenir, qu'il fe replie en cent façons pour échapper à fes engagemens, & que fes réglemens n'ont été imaginés que pour enlacer fes Eléves dans de nouveaux liens, en paroiffant les affranchir de ceux qu'ils avoient trop long-temps fupportés ?

Le Docteur Varnier, rayé du tableau de la Faculté, pour avoir pratiqué le Magnétifme, & appellant du Décret de fa Compagnie, vient de fuccomber au Parlement, malgré un excellent Mémoire écrit par Mᵉ Fournel pour fa défenfe, Mémoire auquel les Médecins n'ont pas ofé répondre. Le Docteur Varnier eut-il fuccombé, s'il eût été permis d'écrire librement fur le Magnétifme, comme fur l'Electricité par exemple, s'il n'eut pas profeffé une Doctrine fecrette, ce qui eft contraire aux ftatuts de fa Compagnie (1), fi le Docteur Mefmer, fuivant l'effet de la Requète que je l'avois engagé à préfenter au Parlement, & fur laquelle il avoit obtenu qu'il feroit procédé à un nouveau Jugement de fa Découverte, avoit développé toutes fes idées, & même fi l'on veut toutes fes erreurs, avec franchife & nobleffe en préfence des Commiffaires qui lui auroient été nommés ; s'il eût invité tous les Savans à venir difcuter fes opinions avec lui, à s'occuper avec lui des nouveaux phénomènes, qu'il pouvoit leur montrer ; comment n'a-t-on pas conçu que le premier Tribunal de la Nation ne devoit pas protéger une Doctrine occulte ; qu'en mettant fous la protection de la Loi, l'inventeur de cette Doctrine, il avoit fait tout ce qu'on devoit attendre de fon équité ; mais qu'il ne pouvoit entrer dans fes principes d'approuver ou directement ou in-directement le fecret que cet inventeur jugeoit à propos de garder ou de faire garder fur le fyftême de fes connoif-fances.

P. S. J'apprends, dans ce moment, que le Docteur Mefmer, tou-jours occupé de diffamer fes bienfaiteurs, vient de faire rédiger contre eux à Londres, par une plume très-connue, un nouveau Libelle écrit avec plus d'art que le premier, & que M. Kormann, auquel comme on l'a vu, il doit plus particulièrement tout ce qu'il eft devenu, mais auquel il ne peut pardonner le compte qu'en fa qualité de Tréforier, il a été obligé de rendre au Comité, des fommes qu'il a touchées pour lui, fe trouve cruellement traité dans ce Libelle. J'en attends la publication. Alors le temps des ménagemens fera paffé, & j'efpère y répondre de manière (fi toutefois il eft befoin d'y répondre), que j'ôterai pour jamais à la bande de calomniateurs & d'hommes vils, dans laquelle nous avons eu le malheur de tomber, la fantaifie de nous tourmenter davantage.

---

(1) Il faut applaudir au courage qui a porté le Docteur Varnier à faire publiquement l'aveu de l'infuffifance de fon art, & à chercher ailleurs une autre fcience & d'autres reffources ; mais il ne faut pas s'é-tonner qu'il n'ait pas réuffi dans fa Défenfe.

F I N

www.ingramcontent.com/pod-product-compliance
Lightning Source LLC
Chambersburg PA
CBHW070126100426
42744CB00009B/1747